Buschreiten
Training und Management
des Vielseitigkeitspferdes

Bettina Overesch
Cornelia Wumkes

Buschreiten

Training und Management des Vielseitigkeitspferdes

Kosmos

Die meisten der 113 s/w - und Farbbfotos stammen von Werner Ernst, ausgenommen S. 18, 26/27, 29, 30 li, 31: Hugo M. Czerny; S. 19 u: Reinhard Koblitz; S. 15, 16: Alois Müller; S. 17, 18: privat; S. 66, 82, 83, 85, 86, 87, 89/90, 92, 96/97, 98/99, 107, 108, 116, 145, 146, 147: Helen Revington; S.68, 101, 102, 103, 105, 106: Stephen Sparkes; S. 44: Jaques Toffi.

Die Sprungfolgen und Trainingshindernisse im Anhang zeichnete Max Eicher, München.

Umschlaggestaltung von Atelier Reichert, Stuttgart, unter Verwendung eines Farbfotos von Bob Langrish.

Die deutsche Bibliothek - CIP Einheitsaufnahme

Overesch, Bettina:
Buschreiten: Training und Management des Vielseitigkeitstrainings / Bettina Overesch; Cornelia Wumkes. –
Stuttgart: Kosmos, 1999 ISBN 3-440-07732-2

ISBN 3-440-07732-2
Lektorat: Sigrid Eicher
Printed in Germany / Imprimé en Allemagne
Grundlayout: Friedhelm Steinen-Broo, eStudio Calamar
Satz und Herstellung: Die Herstellung, Stuttgart
Repro: Reprographia, Lahr
Druck und buchbinderische Verarbeitung:
Westermann Druck Zwickau GmbH, Zwickau

Vorwort

Horst Karsten

Der Vielseitigkeitssport sei die Krone der Reiterei, heißt es oft. Eine Auffassung, hinter der ich voll und ganz stehe.

In dem von Bettina Overesch und Cornelia Wumkes verfaßten Buch wird die Faszination des »Buschreitens« in besonderer Weise deutlich. Vom Reiter wird alles verlangt, will er auf höchstem internationalen Niveau Siege und vordere Plazierungen erreichen. Zu einer hervorragenden reiterlichen Grundausbildung braucht er Kampfgeist und Siegeswillen und muß doch in jeder Situation in sein Pferd hineinhorchen, um es nicht zu überfordern.

Vielseitigkeitspferde müssen hart, mutig, gelassen und leistungsbereit sein. Doch selbst wenn ein Weltklassereiter ein solches Pferd findet, dauert es oft Jahre, bis er mit ihm zu höchsten internationalen Erfolgen kommt. So ist es auch Bettina Overesch mit Watermill Stream ergangen.

Mit Bettina verbindet mich eine lange reiterliche Freundschaft. 1984 nahmen wir gemeinsam an den Olympischen Spielen in Los Angeles teil. Während Bettina die Bronzemedaille gewann, mußte ich zusehen, weil mein Pferd Tackar verletzt war. Vorher und nachher sind wir oft »gegeneinander« angetreten – eine Situation, die es für uns Vielseitigkeitsreiter eigentlich gar nicht gibt, weil uns Kameradschaft, oft Freundschaft und Fairness verbinden.

Nach meiner aktiven Zeit hat Bettina an vielen Lehrgängen teilgenommen, für die ich als Bundestrainer verantwortlich war. Sie zeichnet sich durch höchstes reiterliches Können aus. Ihr hervorragendes Auge macht sie im Gelände und im Parcours sehr sicher. Die Pferde danken es ihr und vertrauen Bettina auch in kritischen Situationen.

Nachdem Bettina mit ihrem Schimmel Watermill Stream 1997 Europameisterin geworden war, hätte sie 1998 beinahe einen weiteren großen Erfolg feiern können: Bei den Weltmeisterschaften in Pratoni lag sie nach einer glänzenden Dressur an erster und nach einem bravourösen Geländeritt mit einigen Zeitfehlern an zweiter Stelle, eine WM-Medaille in Reichweite. Leider konnte sie diesen Traum nicht verwirklichen, weil sie in der abschließenden Verfassungsprüfung scheiterte.

Seit fast zwei Jahren lebt Bettina in England. Dort hat sie bei den besten Reitern der Welt viel gelernt, das umfangreiche Prüfungsangebot genutzt und große Routine erworben. Doch die Basis für ihre überdurchschnittlichen Erfolge hat ihr Vater Edi Overesch gelegt, ein angesehener Ausbilder und Richter im westfälischen Rheine, den ich sehr schätze. Bei ihm hat Bettina nicht nur reiten gelernt. Von seinem theoretischen Rüstzeug profitiert sie bis heute.

Aber auch eine Klassereiterin wie Bettina Oversch braucht ein Weltklassepferd, um Herausragendes leisten zu können. Das hat Bettina zuerst mit Peacetime, später dann mit Watermill Stream gehabt. Ich habe den Schimmel in mittelschweren internationalen Prüfungen entdeckt und bin noch heute dankbar dafür, daß ich Bettina von der Qualität dieses Ausnahmepferdes überzeugen und ihr über die anfänglichen Probleme hinweghelfen konnte. Es war nicht einfach, »Spooky« und Bettina zusammenzubringen. Um so mehr freut es mich, daß sie auf internationaler Bühne so weit gekommen sind.

Das Buch zeigt den Weg dahin auf und ist so sympathisch, weil die Tiefen nicht verschwiegen werden. Vielleicht macht es dem einen oder anderen, der unserem herrlichen Sport bisher noch ferner steht, Lust, künftig auch im Gelände zu reiten.

Im Dezember 1998 Horst Karsten

Europameisterin – und ein Blick zurück

Den 14. September 1997 wird Bettina Overesch nie vergessen. Beinahe wäre doch noch alles umsonst gewesen. Umsonst die bis dahin beste Dressur ihres Schimmels Watermill Stream, genannt »Spooky«. Umsonst der schnelle, sichere, stilistisch saubere und fehlerfreie Ritt über die 30 Hindernisse der 6500 Meter langen Querfeldeinstrecke.

Watermill Stream hatte sich im Gelände die Schulter gezerrt und ging in der dritten Verfassungsprüfung ein wenig klamm. Die Ground Jury, das dreiköpfige Gremium aus Richtern und Tierarzt, steckte die Köpfe zusammen und zitierte den Schimmel ebenso in die Holding Box wie Cosmopolitan, das Pferd des Briten William Fox-Pitt, der hinter der Deutschen lag.

Für Bettina Overesch begannen bange Minuten, in denen sie das Schlimmste nicht zu denken wagte. Äußerlich blaß, blieb sie doch innerlich so ruhig wie eben möglich, weil sie davon überzeugt war, daß »Spooky« das Okay der Jury bekommen würde. Dennoch gab sie später zu: »Ich stand kurz vor einem Herzinfarkt. Das waren die schlimmsten Minuten meiner Laufbahn.«

Der Tierarzt, der Watermill Stream in der Holding Box untersuchte, stellte tatsächlich keine Verletzung fest, die den Start im abschließenden Springen verhindert hätte. Die gestrenge Jury schloß sich diesem Urteil nach dem zweiten Vortraben und einer längeren Diskussion an.

In diesem Augenblick war die Europameisterschaft schon zum Greifen nah. Und doch brauchten Bettina Overesch und Watermill Stream noch einmal das Glück der Tüchtigen, als die Stange des letzten Hindernisses etwa 20 Zentimeter hochhüpfte und dann doch zurück in ihre Auflage fiel.

Erst bei der Siegerehrung löste sich die ungeheure nervliche Anspannung. Bettina Overesch schämte sich ihrer Tränen nicht. Erstmals seit 1936, als Ludwig Stubbendorf bei den Olympischen Spielen in Berlin die Goldmedaille gewonnen hatte, stand wieder ein deutscher »Buschreiter« bei einem internationalen Championat auf dem obersten Treppchen. Und das in Burghley, wo 20 Jahre zuvor Hanna Huppelsberg, die erste deutsche Frau, die in

DIE HOLDING BOX

Bei Verfassungsprüfungen ist die Holding Box der Ort, an dem Pferde, bei denen die Jury Zweifel hat, ob sie das Springen gehen können, die sie aber nicht sofort herausnimmt, vom Tierarzt untersucht werden. In der Holding Box warten Pferd und Reiter auch auf den Aufruf zum erneuten Vortraben vor der Ground Jury. So werden gleiche Bedingungen für alle gewährleistet.

Ein Traum wird wahr.
Zum Glück wußte ich
den Text unserer Nationalhymne ...

eine Military-Mannschaft berufen worden war, bei der Europameisterschaft die Silbermedaille mit dem Team gewonnen hatte.

Nun also Bettina Overesch. In diesem Moment waren alle Rückschläge vergessen, die es in ihrer Karriere gegeben hatte.

Der große Erfolg von Burghley war auch das Ergebnis ihrer neuen Einsichten aus dem Training in England, aus der Arbeit mit Andrew Hoy, ihrem Trainer und Lebensgefährten. Vor allem aber wußte sie jetzt: Der lange, manchmal auch mühsame Weg hatte sich gelohnt.

EIN GUTER TRAINER IST »GOLD WERT«!

Beim Turnier in Burg Eltz lösten wir die Fahrkarte für die Weltreiterspiele 1994 in Den Haag. Dr. Karl Blobel, »Kalle«, unser langjähriger Mannschaftstierarzt, untersucht »Spooky« nach dem Geländeritt.
Die wichtigste Person auf diesem Foto ist allerdings Kathrin Krage, genannt Käthe. Sie hat meinen Schimmel und mich als Pflegerin auf alle internationalen Championate begleitet. 1998 ist sie Europameisterin der Jungen Reiter in der Vielseitigkeit, unserer Disziplin, geworden. Sowohl mit der Mannschaft als auch in der Einzelwertung holte sie Gold.
Das unterstreicht die Klasse meines Vaters als Trainer. Seit ich in England lebe, konzentriert er sich auf Käthe. Das tut beiden gut. Papi hat eine zweite Tochter und Käthe einen super Lehrmeister.

VATERS TRAUM

Lange vor dem Sieg in Burghley hatte sich Bettinas Entscheidung für die Vielseitigkeit als goldrichtig erwiesen. Aber war es tatsächlich ihre Entscheidung gewesen? »Vielleicht eher die meines Vaters. Papi hatte immer von einer Karriere als Turnierreiter geträumt. Aber er hatte nicht die Möglichkeit, seinen Traum zu verwirklichen, vor allem auch finanziell nicht.

Wenn er zu seiner Zeit als Bereiter in einem Springstall mal ein besseres Pferd hatte, wurde es verkauft. Er selbst konnte sich kein wirklich gutes Pferd kaufen. Und ich glaube, er hat seinen Traum auf mich projiziert. Zum Glück hatte ich von Anfang an Spaß am Reiten und auch ein bißchen Talent.

Schon damals kosteten gute Dressur- oder Springpferde eine Menge Geld. Wenn du nach oben willst, brauchst du auch mehr als *ein* gutes Pferd. Und das hätten sich meine Eltern niemals leisten können. Vielseitigkeitspferde waren und sind, jedenfalls in Deutschland, relativ billig, vor allem, wenn man es macht wie mein Vater und sie jung kauft. Natürlich kaufst du dann immer auch ein Stückchen Hoffnung mit.

Ich würde wirklich sagen, daß die Entscheidung für die Vielseitigkeit am Anfang eine rein finanzielle war. Dazu kam dann, daß es für mich zunächst mit den Ponys, später dann auch mit den Pferden gut lief. Aber wer weiß, was geworden wäre, hätte Papi nicht Peacetime entdeckt. Der war damals auf der Auktion in Irland als Springpferd vorgestellt worden.

Natürlich habe ich, als ich anfing Vielseitigkeit zu reiten, nicht an Championate und Medaillen gedacht. Das Reiten im Gelände fand ich zunächst einfach spannender und aufregender als im Parcours und im Viereck. Nur im Gelände bekam ich diesen ganz besonderen Adrenalinkick.

Mag sein, daß Papi schon früher an größere Erfolge gedacht oder darauf gehofft hat. Aber gedrängt hat er mich nur einmal, in meinen ersten Parcours. Danach nie wieder. Er hat nach Dodo, die ja ein reines Warmblut war, allerdings immer dafür gesorgt, daß ich Pferde hatte, die schon von ihrem Blutanteil her für die Vielseitigkeit geeignet waren.«

MUTTERS ANGST

Und Mutter Overesch? Auch wenn sie so manchen Pferdekauf eher kritisch gesehen haben mag, war sie vor allem immer dann zur Stelle, wenn es galt, ihre Tochter zu trösten. »Sie hat mir immer die nötige Rückendeckung gegeben. Und sie hat immer gewußt, daß Papi mich niemals auf ein Pferd setzen wür-

Da waren wir noch zusammen, Mami, Rocky und ich. Bei meinem Umzug nach England mußte ich meinen Jack Russell in Rheine lassen. Wegen der Quarantäne in England und weil ich ihm auf seine alten Tage einen Umzug nicht mehr zumuten wollte.

de, das gefährlich war oder das ich nicht managen konnte. Das ist sicher vor allem in der ersten Zeit, als ich noch jung und unerfahren war, das beste Mittel gegen Mamis Angst gewesen.

Dazu kam, daß Papi ein unglaublich guter Trainer ist, dem ich sehr viel zu verdanken habe. Er war immer sehr konsequent und sehr klar und hat dadurch auch das Risiko minimiert. Ich glaube allerdings, daß meine Eltern noch recht lange gehofft haben, daß ihre Tochter die Reiterei nicht zu ihrem Beruf macht,

MAMI UND DAS WASSER

Wie fast alle Reiter sind auch mein Vater und ich ein bißchen abergläubisch. Ich trage zum Beispiel immer ein ägyptisches Kreuz, das mir Rosemarie Springer 1984 vor den Olympischen Spielen in Los Angeles geschenkt hat.

Beim Stichwort Aberglaube fällt mir auch meine Mutter ein. Sie fuhr früher längst nicht zu jedem Turnier mit, war aber in Luhmühlen und auch in Achselschwang dabei. In beiden Fällen hatte sie am Wasser gestanden, also ausgerechnet dort, wo Dodo stolperte und ich ein unfreiwilliges Bad nahm. Das ist Papi und mir aufgefallen, und wir haben zu ihr gesagt: »Du fährst nicht mehr mit! Und wenn du mitfährst, stehst du ganz bestimmt nicht wieder am Wasser!«

Im Kopf von Papi hat sich das richtig festgesetzt. 1998, als meine Eltern mich in England besuchten, hat er meiner Mutter sozusagen verboten, den Ritt von Andrew durch das Gelände in Gatcombe Park vom Wasser aus zu beobachten, obwohl man von dort aus den weitaus besten Überblick hat. Ich hatte das Thema »Mami und das Wasser« schon vergessen, war es doch zwanzig Jahre her – Papi nicht. Wir haben alle herzhaft gelacht, weil Andrew am Ende die Prüfung in Gatcombe gewonnen hat.

sondern etwas anderes lernt. Aber für mich war schon früh klar, daß ich niemals in einem Büro enden würde. Da hätte ich mich total eingesperrt gefühlt. Körperliche, auch harte Arbeit macht mir dagegen nichts aus.«

Um berufstätig und doch bei den Kindern, Bettina und ihrem jüngeren Bruder Christoph, zu sein, hatte Inge Overesch 1970 ein Reitsportgeschäft im Erdgeschoß des Wohnhauses der Familie in Rheine eröffnet. Die Kontakte ihrer Mutter kamen Bettina schon bald zugute. Recht früh wurde sie von Firmen unterstützt, die Bettina oder ihre Pferde mit Produkten ausrüsteten. Geld gab es allerdings nicht.

Sponsoren im engeren Sinn hat Bettina erst seit der Europameisterschaft. Die Firmen Kentucky, Grand Meadows und Waldhausen unterstützen sie finanziell.

MEILENSTEINE

Von solchen Zuwendungen konnte noch keine Rede sein, als sie 1982 Schlagzeilen machte, weil sie als erste deutsche Vielseitigkeitsreiterin an einer Weltmeisterschaft teilnahm. Amazonen aus England und Übersee hatten im Gelände schon vorher gezeigt, daß sie den Männern Paroli bieten konnten. Doch den deutschen Frauen ebnete Bettina Overesch den Weg.

Tatsächlich brachte das junge, zierliche Mädchen aus Rheine Anfang der achtziger Jahre die Welt der deutschen Militaryreiter ziemlich durcheinander. »Der Idealfall heißt Bettina Overesch«, schrieb die Frankfurter Allgemeine nach der deut-

Sprung drei im olympischen Gelände 1984 in Los Angeles

Die deutsche Mannschaft in Los Angeles, von links Bettina mit Peacetime, Burkhard Tesdorpf mit Freedom, Claus Ehrhorn mit Fair Lady und Dietmar Hogrefe mit Foliant

schen Meisterschaft in Luhmühlen 1983. »Ausgerechnet eine Amazone - und mit zwanzig Jahren eine ganz junge dazu – ritt exakt die geforderten elfeinhalb Minuten auf der 6 555 Meter langen Querfeldeinstrecke: Bettina Overesch auf Peacetime.«

Dieses hervorragende Zeitgefühl zeichnete sie auch vierzehn Jahre später in Burghley aus, wo sie zur Europameisterschaft auch die Uhr für den Reiter gewann, der der Bestzeit am nächsten gekommen war.

1984 folgte ein weiterer Meilenstein bei den Olympischen Spielen in Los Angeles. 20 Jahre nachdem Frauen in Tokio 1964

Zweite hinter Mark Todd und vor Lucinda Green 1986 in Luhmühlen – natürlich mit Peacetime

Mark Todd: „Die Tina reitet mit dem Können und der Courage der Engländerinnen" – hier in Los Angeles 1984.

erstmals um olympischen Lorbeer in der Vielseitigkeit hatten reiten dürfen, gehörte sie zur jungen deutschen Olympiamannschaft, die am Ende unerwartet auf dem Treppchen stand und die Bronzemedaille gewann. Da war sie 21 Jahre jung.

»Komm zu uns, für den Busch bist du zu schade«, versuchte Hermann Schridde noch in Los Angeles Bettina ins Lager der von ihm betreuten Springreiter zu locken. Doch Bettina, damals wie heute gertenschlank und 50 Kilo leicht, schüttelte ihre lange blonde Mähne und lehnte lachend ab.

Für dpa, die Deutsche Presseagentur, war die Bronzemedaillengewinnerin »die Frau, die ihren Mann stand. 'Wer Angst hat, sollte nicht Military reiten'. Bettina Overesch, blond, keß und couragiert, sprach's vor zwei Jahren im Heidedorf Luhmühlen, als sie bei der Weltmeisterschaft gefragt wurde, ob sie keine Furcht vor der wilden verwegenen Jagd durchs Gelände habe.«

Wer nun denkt, Bettina sei seit 1984 auf einer Woge der

Sympathie geschwommen, irrt gewaltig. Eine »zickige Göre« wurde sie geschimpft, weil sie schon damals selbstbewußt auftrat, gerne das letzte Wort behielt und, wenn sie von etwas überzeugt war, nicht klein beigab, sondern auf ihrem Standpunkt beharrte.

Lob kam allerdings schon früh von ausländischen Kollegen. Der Neuseeländer Mark Todd, der mit Charisma 1984 und 1988 die Goldmedaille in der olympischen Military gewann, mochte Bettina von Anfang an: »Die Tina ist einfach super. Sie reitet mit dem Können und der Courage der Engländerinnen.«

Ein größeres Lob ist kaum denkbar, denn an den erfolgreichen Engländerinnen wurden damals die Frauen im Vielseitigkeitssport gemessen. Mark Todd lebte in England. Bettina war ihm schon vor Los Angeles positiv aufgefallen. Er hatte vor ihrer Leistung Respekt und sagte gerne ja, als sie ihn fragte, ob sie sich bei ihm auf ihren ersten Start in der Vier-Sterne-Military in Badminton 1985 vorbereiten könne.

In Deutschland mußte sie etwa zehn Jahre auf ungeteilte und herzliche Anerkennung warten. Erst als sie 1994 bei der Weltmeisterschaft in Den Haag wieder eine Bronzemedaille mit der deutschen Mannschaft gewann und als Siebte in der Einzelwertung Beste ihres Teams wurde, gab es keinen, der sich nicht mit ihr freute.

»Die Geläuterte« wurde sie von der »Pferdewelt« im Sommer 1994 genannt, eine Anspielung auf ihren Ruf als »zickige Göre«. »Die zehn Jahre zwischen ihren beiden größten Erfolgen sind nicht spurlos an Bettina Overesch vorübergegangen. Natürlich ist sie gereift, hat viel dazugelernt. Keß ist sie immer noch, nicht auf den Mund gefallen, dabei sehr feminin. Sie weiß erst jetzt wirklich zu schätzen, was es heißt, Erfolg zu haben. 'Ich war schon glücklich, im Traininingslager für die Weltmeisterschaft dabei zu sein. Daß ich dann für die Mannschaft nominiert wurde, war einfach riesig. 1984 hatte ich mit Peacetime ein Pferd, von dem ich profitiert habe. Watermilll Stream, mein heutiges Pferd, ist im Gelände und im Springen traumhaft zu reiten. Und doch profitiere ich heute mehr von meiner Routine.'«

1978 war Bettina den Verantwortlichen in Warendorf zum ersten Mal aufgefallen. Damals konnten sich die Reiter nicht einfach anmelden, wenn sie an einem Lehrgang am Bundesleistungszentrum teilnehmen wollten, sondern sie wurden vorher unter die Lupe genommen. Bettina ritt vor und bekam eine Einladung für den Frühjahrslehrgang der Junioren. Ein Jahr später nahm der damalige Bundestrainer Wolfgang Feld sie mit zur Europameisterschaft.

Ohne Horst Karsten hätte ich »Spooky« nie bekommen. Aber nicht nur das: Horst hat mir von Anfang an unheimlich viel geholfen. Hier freut er sich mit mir über meine olympische Dressur in Atlanta. Horst hat Stunden auf »Spooky« verbracht, um ihn vor allem im Viereck zu verbessern.

SEIT 1979 STÄNDIG IM KADER

Seit 1979, als sie erstmals dem C-Kader der besten Nachwuchsreiter angehörte, ist sie immer Kadermitglied geblieben. Die meiste Zeit war sie im A/B-Kader, in dem die championatstauglichen Senioren zusammengefaßt sind. Darum heißt der A/B-Kader auch Championatskader.

In den Zeiten, in denen Bettina kein Pferd hatte, das gut genug für Meisterschaften war, gehörte sie dem S-Kader an. »Das ist der Sonder-Kader für gute Reiter in Wartestellung. Scherzhaft wird er auch Sozial-Kader genannt, weil die Mitglieder weiter Sporthilfe bekommen, obwohl sie vorübergehend nicht für Meisterschaften in Frage kommen. Besonders für uns Reiter, die einen enormen Kostenaufwand haben, ist die Stiftung Deutsche Sporthilfe ein wahrer Segen. Wir sind alle sehr dankbar für die Unterstützung.«

Wieviel Sporthilfe ein Reiter bekommt, hängt stark von der Leistung ab. »Die Kriterien für die höchste Förderstufe habe ich erstmals als Europameisterin erfüllt, also 1997. In den Genuß der Optimalförderung kommen Sportler, die sich auf die nächsten Olympischen Spiele vorbereiten.«

Das Deutsche Olympiade Komitee für Reiterei (DOKR) hat die Möglichkeit, einige gute Reiter mit Pferden zu versorgen. Für Bettina hat es 1993 zusammen mit dem Förderkreis Olympische Reiterspiele (FORS) Watermill Stream gekauft. »Voraussetzung dafür war, daß die Verantwortlichen im DOKR mich für förderungswürdig hielten. Ich hatte ja viele Jahre versucht, mit jungen Pferden Anschluß zu finden, mit Pferden, die dann aber nicht gut genug für die ganz schweren Prüfungen waren. Als sich Crocodile Dundee 1991 einen Sehnenschaden zuzog, haben die Bundestrainer gesagt: Wir müssen zusehen, daß Bettina ein gutes Pferd bekommt. In Warendorf wußten alle, daß meine Familie nicht die finanziellen Möglichkeiten hatte, um ein fertiges gutes Pferd zu kaufen. Ein junges Pferd auszubilden hätte einfach zu lange gedauert. Darum haben sie sich bereit erklärt, ein Pferd für mich zu suchen und zu kaufen. Horst Karsten hatte gehört, daß Watermill Stream zum Verkauf steht. Er hat mich auch begleitet, als ich »Spooky« ausprobiert habe.

Mein Nachwuchspferd Unsung Hero, der neuseeländische Vollblüter, den ich 1996 bekommen habe, ist ebenfalls im Besitz des FORS, der mir auch Crocodile Dundee zur Verfügung gestellt hatte.«

Vom Ponymädchen zur Championesse

Den Pferdebazillus hat Bettina Overesch von ihrem Vater geerbt. Eduard Overesch hatte sein Hobby zum Beruf gemacht und war erst Bereiter, dann Reitlehrer geworden. 1961 gründete er in Rheine im Münsterland seinen eigenen Reitstall. Was lag da näher, als die erstgeborene Tochter schon früh aufs Pferd zu setzen? Auf Widerstand stieß er dabei nie. Im Gegenteil. In der Familie erzählt man sich, daß es die kleine Bettina schon zu Pferden zog, bevor sie sprechen konnte.

»Ernst« wurde es, als Bettina drei Jahre alt war. Da nahm ihr Vater Alma, das brave Schulpferd, das nichts und niemand aus der Ruhe bringen konnte, an die Longe und setzte seine Tochter obendrauf. Alma war es auch, die Bettina über den ersten Sprung trug. Wann das war, ist nicht genau überliefert, wohl aber, daß Bettina mit sechs Jahren ihre ersten Turniere bestritt – in Ponyprüfungen.

▸ Blitz und Jasmin

Anfangs wechselten die Partner häufig. Der erste hieß Blitz, biß schon mal und war überhaupt ziemlich biestig. Ihm folgte Jasmin, das erste bessere Pony, ein Schimmel wie Blitz, aber lieber und berechenbarer im Umgang. Bettina erzählt, daß damals die Dressur ihre Stärke war, und lacht bei dem Satz: »Ich hatte sogar Angst vorm Springen. Das weiß aber kaum jemand.«

Jasmin sollte Springen lernen. Darum setzte Vater Overesch Anne Exeler, eine seiner Schülerinnen, auf den Schimmel. Sie sollte ihn auch beim hauseigenen Turnier reiten. »Zur Vorbereitung wurde ein Parcours gesprungen. Und weil das Mädchen noch andere Ponys reiten mußte, kam ich anschließend drauf, um Jasmin im Schritt trockenzureiten. Die Sprünge auf dem Abreiteplatz waren nur etwa 50 Zentimeter hoch. Das fand ich Klasse und bin vorwärts und rückwärts drüber gesprungen. Mein Vater sah das und sagte: »Wenn du über diese Sprünge kommst, kannst du auch den ganzen Parcours springen.« Ich wollte nicht, hab' Rotz und Wasser geheult. Aber ich mußte in den Parcours. Alles ging gut, Mauer, Kombination – alles kein Problem, bis wir zum letzten Sprung kamen. Jasmin sprang zu früh ab, bekam die oberste Stange zwischen die Beine, überschlug sich, und ich lag drunter.

Ich kam mit einem ziemlich komplizierten Wadenbeinbruch ins Krankenhaus. Witzigerweise hat mich der Unfall nicht wirklich verunsichert. Er hat mir die Angst eher genommen, weil ich wohl dachte: Wenn das alles ist, was passiert, ist es halb so schlimm. Kaum war ich aus dem Krankenhaus, zog es mich in den Stall. Überhaupt fand ich es toll mit dem Gips: Ich brauchte nicht zur Schule, bekam viel Besuch und viele Geschenke und war auch ziemlich mobil. Ich konnte auf dem Hintern im Haus 'rumrutschen. Wenn ich in den Stall wollte, wurde ich 'rübergetragen. Klein und leicht genug war ich ja. Kaum war der Gips ab, saß ich schon wieder auf dem Pferd. Mit Jasmin startete ich auch zum ersten Mal international in der Dressur und im Springen.«

▸ Dodo

Neben den Ponys ritt Bettina auch Großpferde. Dodo hieß ihr erstes Pferd, eine Stute, mit der sie 1976 erstmals an der Westfalenmeisterschaft teilnahm. »Ich erinnere mich daran noch so gut, weil ich auf meinem Pony einfach lang drauf lag, es gehen ließ. Aber auf Dodo hatte ich noch gar kein Gefühl fürs Tempo. Ich glaubte, unheimlich schnell gewesen zu sein, war aber zwei Minuten zu langsam – das ist in einer Kurzprüfung wirklich sehr

Dodo – eine schwere westfälische Warmblutstute von Dompfaff aus einer Steinhäger-Mutter

Dodo lief immer nur so schnell, wie sie wollte – eben eine sture Westfälin. Aber ich habe auf ihr sehr viel gelernt, vor allem, mangelnde körperliche Kraft durch Technik auszugleichen. Außerdem gab sie mir vor allem Vertrauen im Gelände.

viel. Zu meiner Entschuldigung kann ich sagen, daß ich mit 14 noch sehr klein und sehr leicht für mein Alter war. Aber nach der Bummelei nutzte mir mein gutes Dressurergebnis natürlich nichts mehr.«

1977 richtete Bielefeld die westfälische Meisterschaft aus. Bettina ritt auch ihr Pony in der Konkurrenz für Großpferde und startete mit den ganz Großen unter den Buschreitern. Harry Klugmann, Horst Karsten, Otto Ammermann sah sie zum ersten Mal »live« reiten und beobachtete sie fasziniert und mit großen Augen. Doch auch Bettina schlug sich nicht schlecht. Mit Dodo wurde sie Zweite, und mit ihrem Pony gewann sie den Sondeehrenpreis für den schnellsten fehlerfreien Ritt im Parcours. Das war das letzte Turnier mit Jasmin. Denn nach Bielefeld wurde er verkauft.

MIT 15 IN LUHMÜHLEN

Doch sie hatte noch Dodo, mit der sie sich weiter prächtig verstand. So gut, daß sie 1978 zum ersten Mal ins deutsche Military-Mekka fuhren, nach Luhmühlen.

1979 gewannen Bettina und Dodo die westfälische Meisterschaft und schlugen sich als Dritte auch bei der Deutschen Meisterschaft hervorragend. Das war das Ticket für die Europameisterschaft der Junioren im irischen Punchestown. »Da bin ich zum ersten Mal über eine Irish Bank geritten. Und ich hatte einen Heidenrespekt vor diesem Hindernis. Darum gab ich auch so viel Gas, daß ich die Kurve auf den Steilsprung, der im rechten Winkel zur Irish Bank stand, nicht kriegte, sondern geradeaus auf die Rennbahn galoppierte. Das war sehr ärgerlich. Denn im Springen war ich später auch fehlerfrei. Und weil auch die anderen, die in der Dressur vor mir gewesen waren, anschließend Probleme hatten, hätte ich durchaus in die Medaillen reiten können.«

Unten, von rechts nach links: Der sogenannte Coffin-Effekt. Danke, Peacetime! Die Fotos entstanden 1983 bei der Deutschen Meisterschaft in Luhmühlen.

EM ACHSELSCHWANG 1980

Auch 1980 war Bettina Overesch wieder bei der Europameisterschaft dabei. Als Zweite der Deutschen Meisterschaft wurde sie ins Team berufen, das die deutschen Farben in Achselschwang bei der EM vertreten sollte. In der Dressur lief es wie geschmiert. Bettina und Dodo bekamen die besten Wertnoten. Auch im Gelände fingen sie gut an. »Bis zum letzten Hindernis waren wir Null und in der Zeit. Doch wie schon bei unserem ersten Start in Luhmühlen stolperte Dodo am Wassereinsprung, und ich lag unten. Dodo war eben ein reiner Warmblüter, und ich mußte jeden Meter aus ihr heraustreiben. Für mich war das körperlich sehr anstrengend, und am Ende hatte ich oft einfach keine Kraft mehr.

Mit Dodo habe ich meine erste Kurzprüfung auf S-Niveau in Wiesbaden gewonnen. Kurz darauf zog sie sich auf der Weide eine Verletzung zu. Wir nehmen an, daß sie über einen Zaun gesprungen ist. Der Arzt stellte einen Bänderabriß im Knie fest. In der Klinik riet man uns zu einer Fohlenpause, nach der wir es mit dem Sport noch einmal versuchen könnten. Doch weil Dodo schon 14 war und viel für mich getan hatte, entschieden wir, daß die Zucht ihre Zukunft sein sollte.«

▶ Peacetime

Im Jahr 1977 wurde ein Meilenstein für die Karriere von Bettina Overesch gelegt, obwohl niemand in der Familie das zu dem Zeitpunkt ahnte. Denn in diesem Jahr kam ein 3 1/2jähriger irischer Wallach in den Stall in Rheine. Er hieß Peacetime und spielte zunächst keine Sonderrolle. Bettina ritt ihn in Dressur und Springen auf A-Niveau, später auch in der Vielseitigkeit. »Unser erster Start war mit dem Einreiten ins Dressurviereck zu

Ende. Ich hatte gerade gegrüßt, als nach einer Pony-Siegerehrung die Ehrenrunde begann. Peacetime hörte das, schmiß den Gang rein, sprang über einen Richtertisch, und weg war er. Der Richter hatte sich mit einem Sprung zur Seite gerettet. Klar, daß ich meinen ersten Start mit Peacetime in einer Vielseitigkeit nicht vergessen habe. 1981 gewannen wir die Deutsche Meisterschaft der Jungen Reiter in Luhmühlen, konnten aber nicht an der Europameisterschaft teilnehmen, weil Peacetime sich eine Bänderüberdehnung am Knie zugezogen hatte.«

HOCHGESTUFT

Die entgangene Europameisterschaft erwies sich für Peacetimes Entwicklung nicht als Hindernis, sondern war eher von Vorteil. Immer wieder mal hatten Bettina und ihr Vater Rat bei Harry Klugmann gesucht, einem der erfolgreichsten deutschen Military-Reiter. Damit waren sie schon gut gefahren, als Bettina noch Ponys ritt. 1982 riet Klugmann der erst 19jährigen Bettina, mit Peacetime den Schritt ins Seniorenlager zu wagen.

»Für mich war das natürlich alles ganz neu. Und ich habe Harry gefragt, wie ich dafür trainieren müsse und zu welchen Turnieren er mir rate. Mit ihm bin ich dann zur Deutschen Meisterschaft nach Achselschwang gefahren. Ich ritt als Junge Reiterin quasi inoffiziell über den Seniorenkurs, also außerhalb der Meisterschaftswertung, und wurde Vierte. Anschließend wurde ich für die Weltmeisterschaft der Senioren 1982 in Luhmühlen nominiert. Nach einer mäßigen Dressur ging Peacetime im Gelände Null, obwohl er in der Zwangspause Verschlag gehabt hatte. Damals hatten wir die Fütterung noch nicht im Griff. Wegen des Verschlags riet mir Dr. Blobel, unser Mann-

Rosemarie Springer, einst höchst erfolgreich im Viereck (Mannschaftssilber in München 1972), weiht Peacetime und mich in die Kunst der Dressur ein.

schaftstierarzt, im Gelände nicht zu schnell zu reiten. Für Zeitfehler bekam ich Punkte angeschrieben. Nach einem fehlerfreien Ritt im Springen war ich auf meinen 24. Platz bei über 80 Startern mächtig stolz.«

Der Anfang war gemacht, der vorzeitige Einstieg ins Seniorenlager gelungen. Bettina konnte glücklich sein und war es auch.

Mit Peacetime nahm sie 1983 an der Deutschen Meisterschaft in Luhmühlen teil, wurde Dritte und damit für die Europameisterschaft in Frauenfeld in der Schweiz nominiert. Trotz einer Verweigerung im Gelände belegte sie dort den 6. Platz und hatte die Fahrkarte zu den Olympischen Spielen in Los Angeles schon so gut wie in der Tasche. Ein guter Eindruck bei der Deutschen Meisterschaft in Achselschwang galt als ausgemacht. Doch beinahe wäre es anders gekommen.

Achselschwang 1983
An der Rasur am Hals von Peacetime kann man erkennen, daß er wegen seiner Kolik am Tropf gehangen hat.

Das Training absolvierte sie gemeinsam mit ihrem damaligen Freund Karl Siemens Fischer. In dessen Stall fehlte es an Spänen, auf denen Peacetime zu Hause in Rheine immer stand. »Eigentlich hätte ich wissen müssen, daß ich mein Pferd nicht ungestraft plötzlich auf Stroh stellen konnte. Aber ich verließ mich auf meinen Freund, der meinte, Peacetime werde schon nicht zuviel Stroh fressen. Doch das war ein Irrtum. Als wir in Achselschwang ankamen, bekam Peacetime Kolik, stand zwei Tage und zwei Nächte in der Klinik, wurde erst am Tag der Verfassungsprüfung entlassen und war entsprechend geschwächt. Auf eine sehr mäßige Dressur folgte ein fehlerfreier, sogar recht flotter Geländeritt. Die Placierung in der Meisterschaft war zweitrangig. Wichtig war, daß wir für Los Angeles nominiert wurden.«

OLMYPIA 1984

Es war ein sehr junges, grünes Team, mit dem die Deutschen in den USA antraten: Claus Erhorn war mit 24 der Älteste im Quartett. Burkhard Tesdorpf, Dietmar Hogrefe und Bettina Overesch waren erst 21 Jahre alt. Der Älteste und Erfahrenste, Horst Karsten, war mit Tackar Reservist. Zu verlieren hatten die Jungen nichts. »Wir haben uns von niemandem etwas sagen lassen. Wir waren wohl wirklich die jungen Wilden. Niemand und nichts konnte uns wirklich beeindrucken, so selbstbewußt sind wir aufgetreten. Nach der durchweg eher mäßigen Dressur hagelte es heftige Kritik. Anton Fischer und andere aus dem Dressurlager meinten, wir seien eine Schande für die Nation.«

Doch die Kritiker stießen auf taube Ohren. Die jungen Wilden blieben von sich überzeugt. » ›Wir reiten eben nicht wie alte Herren, sondern wie die Engländer und machen den Rückstand im Gelände und im Springen wett‹ «, haben wir gesagt. Und unsere Rechnung ist ja tatsächlich aufgegangen. Wir hatten eine große Klappe und sind völlig unbekümmert drauflosgeritten. Bis auf Burkhard Tesdorpf waren wir alle Null im Gelände und im Springen, gewannen Bronze und fühlten uns natürlich als die ganz großen Kings.«

Mit der Bronzemedaille in der Tasche fühlte sich Bettina Overesch 1985 stark genug für Badminton. »Ein Sturz auf der Rennbahn holte mich allerdings schnell auf den Boden der Tatsachen zurück.« Insgesamt war 1985 kein Jahr, wie Bettina es sich gewünscht hätte. Bei der Deutschen Meisterschaft in Walldorf verletzte sich Peacetime schon auf der Rennbahn. Das war auch das Aus für die Europameisterschaft.

In Boekelo sollte das Jahr versöhnlich ausklingen. Dressur und Gelände waren gut. Aber in der Verfassungsprüfung vor dem abschließenden Springen zeigte die Ground Jury dem Paar die rote Karte – Nachwirkungen der Verletzung in Walldorf. Daraufhin beschlossen die Overeschs, Peacetime eine lange Pause zu gönnen.

Die Weltmeisterschaft 1986 fand im australischen Gawler statt. Die deutschen Anwärter bezogen schon im Februar ihr Quarantänelager in Luhmühlen. »Zu früh«, entschieden die Tierärzte mit Blick auf Peacetime. Bettina Overesch machte das Beste daraus, ritt in Luhmühlen und wurde Zweite hinter Olympiasieger Mark Todd und vor der Engländerin Lucinda Green. »Lucinda ist immer mein großes Vorbild gewesen. Besonders ihr

Unten: Er hätte auch Springpferd werden können, mein Peacetime, hier im Parcours in Luhmühlen. Als Springpferd war er auch in Irland angeboten worden, als mein Vater ihn kaufte.

Unten rechts: Take the Time in Schenefeld. Mit ihm gewann ich das Alpenchampionat 1987 in Achselschwang.

Sitz am Sprung und ihr Rhythmusgefühl haben mich fasziniert, seit ich sie das erste Mal reiten sah. Auf meinen zweiten Platz in Luhmühlen war ich unheimlich stolz. Außerdem ließ er für 1987 große Hoffnungen aufkommen, für die Europameisterschaft im deutschen Military-Mekka. Doch im Trainingslager verletzte sich Peacetime. Der Traum von der Europameisterschaft war zu Ende, bevor er richtig begonnen hatte.«

PEACETIMES ABSCHIED

Mit Take the Time hatte Peacetime einen Stallgenossen bekommen, mit dem Bettina Overesch 1987 das Alpenchampionat in Achselschwang gewann. Ein Jahr später ging Peacetime dort seine letzte Vielseitigkeit. »Wir wurden Vierte. Als beste Amazone bekam ich ein sehr schönes goldenes Armband und Peacetime den wohlverdienten Abschied. Ich habe ihn dann noch drei Jahre in S-Springen geritten, bis er 17 Jahre alt war. 16jährig gewann er sein erstes und einziges S-Springen, hatte aber viele gute Placierungen.«

DIE DURSTSTRECKE

Take the Time wurde als Lehrpferd verkauft. Folglich blieben Bettina nur noch ihre beiden jungen Pferde: Crocodile Dundee und Irresistable. 1989 ritt sie so gut wie keine Vielseitigkeit, nur Springen und Dressur. 1990 war sie mit Crocodile Dundee in der Zwei-Sterne-Prüfung in Breda Zweite. Irresistable ging gut bis

Royal Titan 1983 auf der Rennbahn in Luhmühlen. Er kam zusammen mit Peacetime aus Irland zu uns. Nach einer Sehnenverletzung habe ich ihn in M-Dressuren und M-Springen eingesetzt, bis wir ihn als Lehrpferd in gute Hände abgaben.

TIPS VON REITERKOLLEGEN

Andrew und ich haben vor dem Turnier in Luhmühlen 1997 in Warendorf trainiert. Franke Sloothaak half uns beim Springen, Klaus Balkenhol in der Dressur. Andrew war damals ganz begeistert von den tollen Bedingungen im Bundesleistungszentrum. Und ich habe mir einen Spruch von Franke gemerkt: »Wer im Spring- und Dressursport vorne mitreiten will, muß auf dem europäischen Kontinent leben. Denn da spielt die Musik. In Westeuropa sind die besten Reiter in diesen Disziplinen zu Hause. Aber wer in der Military zur Spitze gehören will, muß nach England ziehen. Dort findet er die Bedingungen, die er braucht, um in den großen Prüfungen zu bestehen.«
Das habe ich mir vielleicht auch darum so gut gemerkt, weil ich damals kurz vor dem Umzug nach England stand und jede Bestärkung, daß ich damit richtig liege, Balsam für meine Seele war. Anfang 1997, also noch bevor ich zu Andrew ging, bin ich auch einige Male bei Ludger Beerbaum gewesen, um mir von ihm Tips fürs Springen zu holen. Ludger, der seinen Sport sehr genau analysiert, hat mir wertvolle Tips gegeben, zum Beispiel geraten, auf dem Abreiteplatz die Sprünge nie aus dem Trab, sondern immer im Galopp anzureiten oder vor dem Abschlußspringen nicht zuviel zu machen, weil das Pferd, dem ja bei einer langen Prüfung noch das Gelände in den Knochen steckt, sonst zu müde wird.
Am Anfang, als ich Watermill Stream bekam, hat mir Nicole Uphoff in der Dressur geholfen. Sie hat mir geraten, »Spooky« viel lang und tief zu reiten. Für den fliegenden Wechsel, den wir in der Dressuraufgabe seit 1997 reiten müssen, habe ich mir bei Klaus Balkenhol Rat geholt. Durch die Arbeit mit ihm sind mein Gefühl und mein Verständnis fürs Dressurreiten viel besser geworden.
Aus meiner Erfahrung heraus kann ich nur jedem raten, nicht zu stolz zu sein, um sich Rat bei anderen zu holen. Ich habe aus den konkreten Tips und aus den Gesprächen eigentlich immer unheimlich viel gelernt und lerne bis heute dazu.

Kurzprüfungen der Klasse M. Eine Sehnenverletzung bedeutete das Aus für große Prüfungen. »Heute denke ich manchmal, daß die beiden Pferde mit meinem heutigen Fitneß-Programm (siehe Seite 130) wahrscheinlich länger im Vielseitigkeitssport geblieben wären. Das Galoppieren am Berg ist einfach wesentlich schonender für die Beine und trotzdem effektiver.«

Mit Crocodile Dundee, einem durchschnittlichen Pferd, wurde Bettina Overesch 1991 für die Europameisterschaft in Punchestown nominiert. Doch nach der Rennbahn stellte der Tierarzt Sehnenverletzungen an beiden Vorderbeinen fest. Sie konnte die Prüfung nicht beenden. »Danach bin ich fast zwei Jahre lang nur in A-, L-und Geländepferde-Prüfungen gestartet. Wenn ich die Vielseitigkeit nicht so geliebt hätte, ich hätte spätestens damals das Handtuch geschmissen.«

Watermill Stream

Anfang 1993 kam Watermill Stream zu Bettina, der bis dahin von der Niederländerin Alice Lozeman geritten worden war. Das Ende der Durststrecke war in Sicht. Tatsächlich war gleich das erste Turnier, der traditionelle Saisonauftakt in Schenefeld bei Hamburg, ein voller Erfolg: Bettina und Watermill Stream gewannen die Prüfung. Beim nächsten Start in Warendorf zog sich der Vollblüter eine offene Wunde zu, die nur langsam heilte. Wieder wurde Bettinas Geduld auf die Probe gestellt. Kurz vor dem Ende der Saison konnte sie Watermill Stream dann doch noch in einigen Kurzprüfungen reiten.

Die in Bielefeld ging ziemlich daneben. »Schon die Dressur war schlecht. Und im Gelände bin ich gefallen. Ich hab' zu der Zeit noch sehr viel mit den Gebissen experimentiert, um irgendwann festzustellen, daß »Spooky«, wie wir den Schimmel nennen, die ganz scharfen Gebisse überhaupt nicht vertrug, vor allem solche aus Metall. Dank Debbie Winkler bin ich dann auf ein weiches Nathe-Pelham gekommen, bin damit in der Kurz-S in Varsefeld gestartet – und die haben wir dann auch gewonnen!«

ZUSAMMENWACHSEN MIT RÜCKSCHLÄGEN

Bettina Overesch, Vater Eduard Overesch und Horst Karsten waren von Watermill Stream von Anfang an überzeugt. Aber die Phase des Zusammenwachsens dauerte lange. In der Dressur verschenkte sie Punkte, weil der Schimmel oft heftig mit dem Kopf schlug.

Sie versuchte es mit Bachblüten. Doch die Folge war die schlechteste Dressur überhaupt. In Luhmühlen waren 1994 sogar die Russen besser als sie. »Im Gelände gehörte ich allerdings zu den drei Reitern, die in der Zeit blieben. Und weil Watermill Stream auch im Springen keinen Fehler machte, wurde ich am Ende noch Fünfzehnte.« Auf die Sichtung in Burg Eltz folgte die Nominierung für die Weltmeisterschaft im Rahmen der Weltreiterspiele in Den Haag.

DEN HAAG 1994

Bettina hatte noch im Trainingslager geglaubt, daß sie als Einzelreiterin bei der Weltmeisterschaft starten würde. Dann wurde sie doch für die Mannschaft nominiert und gewann, wenn auch mit etwas Glück, mit Cord Mysegaes, Ralf Ehrenbrink und Peter Thomsen die Bronzemedaille.

Hufschmied Dieter Krönert, der die deutschen Dressur-,

HEAD SHAKER

Dr. Friedrich-Wilhelm von Saldern erklärt das Phänomen des Head Shaking wie folgt:
Als Head Shaker bezeichnet man Pferde, die unter dem Reiter oder ganz selten auch mal ohne Reiter ohne erkennbare Ursache unterschiedlich stark mit dem Kopf schütteln oder schlagen. Die Abstände zwischen den einzelnen Perioden sind ganz unterschiedlich. Wissenschaftlich erforscht wurde das Head-Shaking-Syndrom Anfang der 70er Jahre in England durch Dr. Cook. Er fand folgendes heraus:

- *80% der Head Shaker werden von Frauen geritten!!!*
- *90% der Pferde haben 50% und mehr Blutanteil.*
- *Die Symptomatik tritt gehäuft im Frühjahr und Sommer auf.*

Besonders häufige Ursachen sind:

- *Allergien im Nasen- und Rachenraum*
- *Juckreize und Abwehrreflexe durch Fliegen und Mücken im Bereich des Kopfes*
- *kleinere Entzündungsherde im gesamten Kopfbereich (z. B. Nasenschleimhäute, Nasennebenhöhlen, Innenohr, Zahnwurzelspitzen, Zungengrund, Augen, Hinterhauptschuppe etc.)*

Die Untersuchung der Ursache ist aufwendig und beginnt mit genauem Befragen des Reiters und Pflegers: Wann und unter welchen Umständen tritt das Symptom häufig auf?
Im weiteren wird nach der Ausschlußdiagnostik verfahren, d. h.: Betäuben kleinerer Kopfbereiche bis zum anschließenden Verschwinden der Symptomatik.
Weitere mögliche Diagnostiken sind: Spiegelung von Maul, Rachen, Nasennebenhöhlen, Röntgen, Szintigraphie, Computertomographie.
Sollte eine eindeutige Ursachenfestlegung nicht möglich sein, müssen unterschiedliche Dinge versucht werden wie eine andere Zäumung, ein anderes Gebiß, Kortisonlangzeitbehandlung (Allergien), langzeitige entzündungshemmende Präparate, Veränderung von Umwelt, Boxenstreu, Futter etc.

Spring- und Vielseitigkeitsreiter seit vielen Jahren zu ihren Championaten begleitet, hatte »Spooky« nach der Dressur neue Eisen verpaßt. Damit fühlte sich Watermill Stream hundertprozentig wohl und verkraftete auch die recht schnelle Geländerunde problemlos.

PRATONI 1995

Der Höhepunkt im Jahr 1995 war die Europameisterschaft in Pratoni del Vivaro in der Nähe von Rom. Den Grundstein für ihre Nominierung legte Bettina mit dem 3. Platz bei der deutschen Meisterschaft im Rahmen der internationalen Military in Luhmühlen.

In Pratoni hatten alle deutschen Reiter an Sprung fünf Probleme. »Er bestand aus drei sehr schmalen Steilsprüngen, versetzten Adlerschwingen. Darüber führte der direkte Weg. Oder man konnte den langen Weg reiten, rechts- oder linksherum, jeweils In-Out und dann eine Ecke. Nachdem alle drei Mannschaftsreiter vor mir Probleme auf dem direkten Weg gehabt hatten, sollte ich die Alternative reiten, was ich eigentlich nicht wollte. Wenn es denn sein mußte, wollte ich die rechte Alternative nehmen, weil ich Watermill Stream besser linksherum als rechtsherum wenden kann. Aber ich mußte die linke Alternative nehmen, weil die Bundestrainer das so wollten. Prompt lief er mir dann an der Ecke vorbei. Das war mehr als ärgerlich, denn nach der Dressur waren wir Achte gewesen, weil »Spooky« zum ersten Mal richtig gut im Viereck gegangen war. Auch im Springen war er wieder Null. Und ich war am Ende Zwölfte in der EM-Wertung. Mit der Mannschaft waren wir Vierte.«

ATLANTA 1996 – DIE GROSSE ENTTÄUSCHUNG

War schon 1995 wegen der Marschorder der Mannschaftsführung in Pratoni für Bettina etwas enttäuschend verlaufen, sollte es 1996 bei den Olympischen Spielen in Atlanta noch schlimmer kommen. »Das war sportlich mein enttäuschendstes Jahr überhaupt«, sagt sie rückblickend. »Ich war für Atlanta gesetzt, mußte nicht bei der Deutschen Meisterschaft antreten, sondern konnte einige Kurzprüfungen reiten. Das war natürlich gut für mich, zumal ich so reiten konnte, wie ich wollte, also nicht immer auf eine gute Zeit achten mußte. Aber schon mit dem Reiseplan hatte ich meine Probleme.

Wir Reiter kamen erst eine Woche nach unseren Pferden dort an. Das heißt, unsere Pferde wurden in der ersten Woche von unseren Pflegern auch galoppiert. Käthe, meine Pflegerin, reitet zwar ausgezeichnet, was sie zwei Jahre später bei der Europameisterschaft der Jungen Reiter eindrucksvoll bewies, als sie zwei Goldmedaillen gewann. Aber sie hatte »Spooky« vorher nie galoppiert. Kaum waren wir Reiter dann in Atlanta gelandet, hieß es: Umziehen und reiten. Galopptraining stand auf dem Programm. Wir haben in meinen Augen wahnsinnig viel galoppiert, mehr als »Spooky« oder eine Stute wie Flaming Affair von Wolfgang Mengers brauchen. Die Stute fiel dann auch leider aus.

Ganz sicher bin ich, daß der Trainingsumfang für mein Pferd zu groß war. Watermill Stream war übertrainiert in dem Sinn, daß er lustlos war. Er arbeitete nicht so gerne, wie ich das von ihm kenne, drehte sich ab, wenn ich in die Box kam. Das ist absolut untypisch für ihn. Ich habe ihn einige Tage nur ein bißchen spazierengeritten, und prompt hatte Watermill Stream wieder Spaß, als die Arbeit begann.«

Aussprung aus den Olympischen Ringen, Atlanta 1996

In Atlanta wurden erstmals bei Olympischen Spielen die Mannschafts- und die Einzelmedaillen nach zwei separaten Prüfungen vergeben. »Ich hatte schon früh gefragt, ob ich in der Einzelkonkurrenz reiten dürfte, weil ich unserer Mannschaft keine Chance gegeben habe. Mit Valeska von Matthias Baumann und Flaming Affair waren zwei potentielle Mannschafts-Pferde ausgefallen. Ich hatte das Gefühl, daß Watermill Stream sehr fit war, und rechnete mir Chancen auf eine gute Einzelplacierung oder vielleicht sogar auf eine Medaille aus.

Daß mir diese Chance genommen wurde, weil ich in der Mannschaft reiten mußte, hat mich enttäuscht, obwohl ich auch die Offiziellen verstehen kann. Deren erstes Augenmerk muß der Mannschaft gelten. Und sie haben sicher gehofft, daß, wie es vorher häufig und zuletzt in Den Haag gewesen war, einige Ausländer Pech haben und wir auf einen vorderen Platz kommen könnten. Aber so eine Rechnung geht eben nicht immer auf.

ANDREW HOY – ER HAT MEINEN TRAUM WAHR GEMACHT

Andrew und ich kannten uns schon lange, aber eben so, wie wir Reiter uns von Turnieren kennen, von einem Plausch hier, Fachsimpeln da. Allerdings fand ich ihn schon immer sehr sympathisch.

Ende 1996 flog ich nach Australien, um Pferde auszuprobieren und eine Freundin zu besuchen, die seit kurzem in Melbourne lebte. Diese Freundin nahm mich mit zum internationalen Turnier in Werribee am Stadtrand von Melbourne. Und auf diesem Turnier gab es eine Cocktailparty für die australischen Goldmedaillengewinner von Atlanta, darunter auch Andrew. Er ist ja Australier, war mit Darien Powers in der siegreichen Mannschaft und verbringt jeden Winter einige Wochen zu Hause.

Wir haben miteinander getanzt und uns sehr gut unterhalten. Ich habe schon mal vorgefühlt, ob er mir bei der Vorbereitung auf Badminton 1997 helfen würde. Mitte März bin ich dann mit Watermill Stream nach England gefahren. Und da hat es dann sehr schnell gefunkt.

Andrew und ich haben uns sehr gut verstanden, auch wenn das eigentlich nicht sein durfte, denn ich war damals noch verheiratet.

Nach dem Turnier in Badminton bin ich noch eine Woche in England geblieben und dann mit recht schwerem Herzen nach Hause gefahren. Nach wenigen Tagen in Deutschland war mir klar: Ich muß zurück! Und ich habe meine Sachen gepackt und bin gefahren.

Niemand kann in die Zukunft schauen. Aber was auch passiert: Andrew wird immer der Mensch bleiben, der in Burghley 1997 meinen Traum wahr gemacht hat.

Jedenfalls machte Atlanta 1996 für mich sportlich gesehen zum enttäuschendsten Jahr, enttäuschender als die Jahre, in denen ich nur A und L geritten habe, weil ich mir mit Watermill Stream einiges ausgerechnet hatte. In anderen Nationen, die ja auch das Problem der zwei Prüfungen hatten, konnten die Reiter entscheiden, ob sie in der Einzel- oder Mannschaftswertung starten.

Spätestens in der Zwangspause, als ich den langen Gesichtern entnahm, daß es bisher nicht gut gelaufen war, hätte ich mir gewünscht, daß die Entscheidung bei mir gelegen hätte. Dann hätte ich Watermill Stream zurückgezogen, um bei der Vier-Sterne-Military wenig später in Burghley zu zeigen, was wir draufhaben.

Aber ich mußte für die Mannschaft reiten und bin noch nie so unmotiviert losgeritten wie in Atlanta, hab' oft die Alternativen genommen und bin überhaupt sehr ruhig geritten. Ich sah einfach keinen Sinn darin, irgend etwas zu riskieren, weil es nichts zu gewinnen gab. Als Watermill Stream nach dem Einsprung ins zweite Wasser in den Trab fiel, habe ich nicht versucht, ihn anzugaloppieren. Er blieb dann am Aufsprung vor der Brücke stehen. Danach bin ich den langen Weg weiter geritten.

Eine Konsequenz zog ich aus diesem Ritt: Noch in Atlanta erklärte ich, daß ich 1997 Badminton reiten und mich darauf in England vorbereiten werde. Darum habe ich mich dann auch bald gekümmert und bin sechs Wochen vor Badminton in England gewesen, bei Andrew Hoy.

Anfangs ahnte ich nicht, daß sich mein Leben mit diesem Aufenthalt gewaltig ändern würde. Privat, aber auch reiterlich.«

BADMINTON 1997

Sechs Wochen vor Badminton, das traditionell Anfang Mai stattfindet, betraten Bettina Overesch und Watermill Stream englischen Boden. In drei Kurzprüfungen bereiteten sie sich auf die Veranstaltung vor, die für die meisten Militaryreiter das Maß aller Dinge ist. Der erste Test war das Turnier in Gatcombe Park, wohin Bettina Overesch und Andrew Hoy zwei Monate später zogen.

»In Gatcombe ging Spooky eine ganz schlechte Dressur, wahrscheinlich weil die Geländestrecke recht nah am Dressurviereck vorbeiführt. Das kam bei meinem Schimmel nicht sehr gut an. Die Richter, und das fand ich unheimlich nett, schrieben unter den Notenbogen: Das Pferd hat heute nicht ganz so auf seine Reiterin gehört. – Sie nahmen es also mit Humor und drückten ihre Meinung in den schlechten Noten aus.

In Dawnsey ging er im Viereck wesentlich besser und auch im Springen und im Gelände gut. Und in Weston Park war ich Zweite. Weil der Boden recht hart war und ich mit Blick auf Badminton nichts riskieren wollte, bin ich nicht sehr schnell geritten. In Badminton selbst bin ich dann Elfte geworden. Aber auch dort hätten wir eigentlich schon ein so gutes Ergebnis bringen können wie ein paar Monate später bei der Europameisterschaft in Burghley. Doch am Tag vor der Dressur hatte Spooky plötzlich ein ganz dickes Gesicht. Ich denke, daß ihn irgendein Insekt gestochen haben muß, als wir ihn an der Hand grasen ließen. Das machen wir immer, wenn er nicht auf die Weide kann, weil das seinen Rücken gut stretcht und ihm auch mental sehr gut tut. Wir haben ihn zwar mit Eis und Benadryl, Laser und allem, was erlaubt ist, behandelt, kriegten aber die Infektion natürlich nicht so schnell weg. Er war dadurch so empfindlich im Maul geworden, daß ich mit einem ganz harmlosen, doppelt gebrochenen Gummigebiß geritten bin, auch das Reithalfter nicht ordentlich verschnallen konnte und ihn auch nur 45 Minuten abgeritten habe, deutlich weniger als sonst, um es ihm so angenehm wie möglich zu machen. Darunter litt natürlich unser Dressurergebnis. Unter normalen Umständen hätten wir auch in Badminton schon nach der ersten Teilprüfung wesentlich weiter vorn sein können, glaube ich, und wären damit auch am Ende besser plaziert gewesen, wahrscheinlich unter den ersten Fünf. Dann hätte ich auch mein Ziel erreicht, denn ich wollte unter den ersten Sieben sein, eigentlich Sechste. Damit wäre ich besser als Claus Erhorn gewesen, der 1985 mit Fair Lady Siebter in Badminton geworden war und damit bis heute den Rekord als bestplazierter Deutscher in Badminton hält.«

DER UMZUG

Bis zur Vorbereitung auf Badminton hatte Bettina immer gedacht, daß sie nur in Rheine oder in der Nähe ihrer Geburtsstadt leben könnte. Doch als sie wieder dort war, wußte sie sehr bald: Sie wollte zurück nach England, um mit Andrew Hoy zu leben und zu trainieren. Durch die Arbeit mit ihm hatten sich ihre Einstellung zum Pferd und auch ihre Art zu reiten verändert. Daran wollte sie anknüpfen, dort weitermachen, wo sie aufgehört hatten. Aber da war noch Watermill Stream. Der Schimmel gehörte ja dem DOKR. Das letzte Wort, ob sie das Pferd mit nach England nehmen durfte, lag beim deutschen Militaryausschuß. Der nahm sich lange Zeit für seine Entscheidung, stimmte aber am Ende zu. Eine bange Zeit für Bettina Overesch, die aber sehr froh war, daß sie nicht vor die Frage gestellt wurde, ohne »Spooky« auf die Insel zu ziehen. Gegen ein »Nein« hätte sie mit allen ihr zu Gebote stehenden Mittel gekämpft.

Ende Juli zog sie um, gerade rechtzeitig, um an den British Open vor ihrer Haustür in Gatcombe Park teilzunehmen. Watermill Stream blieb im Gelände einmal stehen. Aber weil Andrew Hoy die Prüfung nach vielen Anläufen zum ersten Mal gewinnen konnte, war das halb so schlimm. Von diesem Sieg beflügelt, fuhren die beiden noch am Abend nach Deutschland, um Bettinas Möbel zu holen. Nur 48 Stunden später waren sie wieder in England.

Beim letzten Vorbereitungsturnier vor der Europameisterschaft in Burghley Mitte September ritt Bettina Overesch ihren Schimmel im schottischen Thirlston Castle langsam, um zwei Wochen vor dem Championat nichts zu riskieren. In Burghley gaben beide dann alles. Und Bettina setzte um, was sie im Training mit Andrew Hoy erarbeitet hatte.

ANDREW HOYS CREDO: »KEEP IT SIMPLE!«

Keep it simple – halte es einfach. Oder: weniger ist mehr. Das gilt auch und gerade für die Ausbildung des Pferdes. Was muß es können? »Geradeaus vorwärtsgehen, rechts und links abbiegen, anhalten. Das ist die Basis für Dressur, Springen und Gelände.« Auf diesen einfachen Nenner bringt es Andrew Hoy. Der Australier gewann mit seinem Team bei den Olympischen Spielen in Barcelona und Atlanta die Goldmedaille in der Vielseitigkeit.
Und der Reiter? Auch er muß vor allem vier Faktoren berücksichtigen: Mit Augen, Händen, Gesäß und Beinen macht er sich seinem Pferd verständlich. »Mit den Augen erfaßt er das Hindernis, mit Beinen und Händen reguliert er das Tempo und bestimmt die Richtung, mit dem Gesäß erfühlt er, was sein Pferd unter ihm tut und, ganz wichtig, den Rhythmus des Pferdes.«

Neue Einsichten in England

»Als ich nach England kam, habe ich nicht alles über Bord geschmissen, was ich in Deutschland gelernt hatte. Im Gegenteil. Alles, was ich hier gelernt habe und noch lerne, baut auf dem auf, was ich mitgebracht habe. Auf den klaren Anforderungen, die wir ans Pferd stellen. Auf den genauen Hilfen in der Dressur, die ja die Grundlage für alles ist, was du mit deinem Pferd machst. Wirklich neu ist, daß ich hier gelernt habe, auch mal fünfe gerade sein zu lassen, nicht zu sagen: Da muß das Pferd jetzt durch, der Reiter darf nicht nachgeben. Erst muß das Pferd wenigstens einmal gemacht haben, was er will.

Ich hab' tatsächlich manchmal stundenlang auf einem Pferd gesessen, bis ich meinte, wenigstens einen kleinen Fortschritt in meine Richtung gemacht zu haben. Bei den Vollblütern hab ich aber auch manchmal die Segel gestrichen, weil ich merkte, daß ich einfach nicht weiterkam. In Deutschland lernen die meisten das Reiten ja auf Warmblütern, und die machen in der Regel, was du von ihnen verlangst. Darum ist es schwer, das letzte Feingefühl zu entwickeln. Denn einen Warmblüter kannst du unter Druck setzen. Das lassen sich die meisten Vollblüter nicht gefallen. Die sagen dir: Bis hierhin und nicht weiter! Dann fällt eine Klappe, und nichts geht mehr. Da hilft nur eins. Du mußt dich hinsetzen und nach anderen Wegen suchen. Oder du mußt zwei Schritte zurückgehen.

Das ist wohl das Wichtigste, was ich in England durch Andrew gelernt habe: andere Wege zu gehen, um zu meinem Ziel zu kommen. Denn auch der Vollblüter muß natürlich im Endeffekt seine Lektionen lernen. Ich denke, daß ich früher meine Pferde doch ziemlich über einen Kamm geschoren habe. Das mache ich nicht mehr.«

Die drei Pferde, mit denen sie nach England kam, sind grundverschieden. Watermill Stream ist extrem empfindlich, hat sich aber im Laufe der Zeit schon daran gewöhnt, einen gewissen Druck auszuhalten.

Unsung Hero, der neuseeländische Vollblüter, reagiert auch auf eine minimale Dosis Druck mit Arbeitsverweigerung. Wenn sie versucht, den Braunen zu zwingen, widersetzt er sich und wird frech. Darum muß Bettina immer wieder nach Umwegen suchen, um ihr Ziel zu erreichen.

Dann ist da noch ihr Schecke, ein Warmblüter, den Bettina zum Dressurpferd ausgebildet hat. Ihn kann sie am ehesten so reiten, wie sie es von ihrem Vater gelernt hat.

WENIGER IST MEHR

»Ich bin, bevor ich nach England kam, auf jeden Fall länger und intensiver geritten und habe mir selten die Frage gestellt: Wieviel kann mein Pferd verarbeiten? Wenn ich heute schon nach einer halben Stunde merke, daß mein Pferd gut geht, höre ich auf. Es würde keinen Sinn machen, nur weiterzureiten, um meine Stunde vollzumachen. Heute mache ich Schluß, reite vielleicht noch ein bißchen am langen Zügel oder eine Runde spazieren. Ich denke, ich reagiere viel flexibler auf mein Pferd und hake nicht mehr so strikt die Punkte ab, die ich mir vorgenommen habe. Ich denke, das ist milder, pferdefreundlicher und auch sensibler, kommt dem Ideal der Partnerschaft wesentlich näher.«

Die Änderungen, die Bettina Overesch bei sich selbst registriert, betreffen auch den Umgang mit den Pferden. Er ist professioneller geworden. Sie schmust nicht mehr so viel mit ihnen, sondern behandelt sie wie Pferde. Dazu gehört, daß auch den Pferden ihr Bereich zusteht, in den sie nicht eindringt: die Box. Da werden sie nur gestört, wenn es sein muß, beim Misten, Füttern, Tränken, Putzen und Satteln.

Aber auch Bettina setzt heute Grenzen. Nur Watermill Stream darf seinen Kopf an ihr reiben. Darin drückt sich das besondere Verhältnis zu dem Schimmel aus. Bei den anderen Pferden läßt sie solche Annäherungen nicht durchgehen.

DIE ERZIEHUNG FÄNGT AM BODEN AN

Schon beim Putzen und Satteln fängt die Erziehung an. Die Pferde sollen dabei ebenso ruhig stehen wie beim Aufsitzen. Erst wenn der Reiter die Bügel aufgenommen hat, geht es los. »Da war ich früher längst nicht so konsequent, habe viel mehr rumgespielt und durchgehen lassen. Von Andrew habe ich gelernt, daß es für das Pferd besser ist, wenn ich nicht erst Respekt verlange, wenn ich im Sattel sitze, sondern schon vorher.«

Die Konsequenz in der Ausbildung beginnt am Boden. Der Mensch ist derjenige, der bestimmt, wo es langgeht, der sich nicht anknabbern oder gar umrennen läßt. Je eindeutiger er seine Anweisungen gibt, um so einfacher hat es auch das Pferd.

Lob in verschiedenen Formen gehört natürlich dazu, ein »braaav«, streicheln, klopfen, eine Möhre, ein Apfel, ein Pfefferminz oder ein Leckerwürfel. Ein Pfefferminz? »Die starken mögen unsere Pferde besonders gerne. Und ich bin inzwischen fest davon überzeugt, daß die Art, wie ich heute mit meinen Pferden umgehe, artgerechter und pferdefreundlicher ist. Klarheit und Konsequenz am Boden machen es beiden auch beim Reiten leichter.«

Das richtige Pferd finden

Von Vollblütern ist bisher schon oft die Rede gewesen. Und das ist kein Wunder, ist doch Watermill Stream, mein Erfolgspferd, ein reiner Vollblüter. Aber nicht nur darum halte ich in der Vielseitigkeit Pferde, die hoch im Blut stehen, für besser als Pferden, in deren Adern überwiegend Warmblut fließt. Ein reiner Vollblüter oder ein Pferd mit 7/8 Vollblut - das ist für mich das ideale Pferd. Allerdings scheue ich mich ein wenig, in diesem Punkt ein allgemein gültiges Urteil abzugeben.

Mir selbst aber liegen Vollblüter am meisten, auch wenn sie oft schwieriger sind, schwieriger im Temperament, und darum vom Reiter viel Geduld fordern. Watermill Stream hat meine reiterlichen Fähigkeiten auf eine besonders harte Probe gestellt. Doch der Lohn, die Europameisterschaft, machte die Mühen vergessen. Ich mag Pferde wie Watermill Stream, die im Gelände bedingungslos vorwärtsgehen, sofern sie klar im Kopf und bei allem Vorwärtsdrang noch vom Reiter zu kontrollieren sind.

Vielleicht liegt das auch daran, daß ich am Anfang ein Pferd wie Dodo hatte, aus der ich jeden Meter rausreiten mußte. Ganz ähnlich war das auch bei Crocodile Dundee. Er war zwar ein Dreiviertel-Vollblüter, aber einer, dem der Geist oder der Nerv für den Sport fehlte. Seither schätze ich es, wenn ich ein Pferd habe, bei dem ich am Sprung einfach nur stillsitzen kann, dabei natürlich Bein geben, aber nicht wirklich Druck machen muß. Aber das ist meine ganz persönliche Vorliebe.

Mary King zum Beispiel, die zu den sehr erfolgreichen Militaryreiterinnen in England gehört, hat einen ganz anderen, aber auch sehr eindeutigen Pferdetyp: Sie entscheidet sich immer wieder für großkalibrige, beinahe schwere Pferde, die sie nach den Grundgangarten aussucht. Auch darum ist sie oft sehr gut in der Dressur, verliert aber auch oft alles im Springen, weil ihre Pferde am letzten Tag nur sehr schwer in die positive Spannung zu bringen sind, die für eine gute Runde im Parcours nötig ist – weil die Pferde eben doch ein bißchen müde sind. Aber auch diese schwereren Typen haben Vorteile. Sie bringen mehr Bewegung mit als ein Vollblüter – ganz besonders im Trab – und sind von ihrem Nervenkostüm her einfacher zu handhaben.

Lernen vom Lehrpferd

Reitern, die mit der Vielseitigkeit anfangen, rate ich grundsätzlich zu einem in dieser Disziplin schon erfahrenen Pferd, das seinen Job im Gelände kennen sollte, um einem dort noch unerfahrenen Reiter helfen zu können. Ein Vielseitigkeitsanfänger tut sich leichter auf einem Lehrpferd als auf einem Vierjährigen, der selbst noch keine Erfahrung haben kann.

Die Grundgangarten

DER SCHRITT

Es gibt Reiter – und dazu gehört Andrew Hoy – , die achten, wenn sie sich ein Vielseitigkeitspferd aussuchen, sehr stark auf den Schritt. Diese Grundgangart läßt besonders gute Rückschlüsse auf die Winkelung und Aktivität der Hinterbeine zu.

Die Hinterhand ist der Motor des Pferdes. Hinten muß es Last aufnehmen können. Wenn ein Pferd im Schritt weit übertritt, die Hinterhufe also deutlich vor den Vorderhufen aufsetzt, kann man davon ausgehen, daß es auch gute Sprünge produzieren wird und in der Lage ist, gut zu traben. Ein Pferd, das schon im Schritt auf der Vorhand läuft und kopflastig ist, ist auch durch noch so gutes Reiten im Trab und Galopp nur schwer auf die Hinterhand zu kriegen.

Für ein Pferd mit einem schlechten Schritt würde auch ich mich nicht entscheiden, und das aus zwei Gründen:

Erstens: Der Schritt ist von allen drei Grundgangarten am schwersten zu verbessern.

Zweitens: Die Schrittnoten zählen in Dressuraufgaben oft doppelt, haben den Koeffizienten zwei. Das heißt, die Wertnote wird mit zwei multipliziert. Bei einem Pferd mit einem schlechten Schritt verschenkt der Reiter folglich Punkte.

DER TRAB

Am Trab läßt sich durch richtiges Training am meisten verbessern. Darum würde ich einen »Blütertrab«, der nicht besonders raumgreifend ist, eher in Kauf nehmen, vorausgesetzt, das Pferd ist ansonsten gut gebaut und gut gewinkelt.

DER GALOPP

Anders als beim Dressurpferd ist beim Militarypferd der Bergaufgalopp nicht von besonderer Bedeutung. Er läßt sich im

Dynamisch, raumgreifend – besser geht 's nicht!

Rahmen des Dressurtrainings in der Regel so weit verbessern, daß es für die in der Vielseitigkeit verlangten Aufgaben reicht. Bei einer ökonomischen, flachen, nicht sehr aufwendigen oder spektakulären Galoppade kann man davon ausgehen, daß ein Pferd, das wie in der Military viel galoppieren muß, sich nicht so schnell verbraucht.

DIE GELENKE

Wenn ich mir ein Pferd ansehe, lasse ich es mir zuerst an der Hand vortraben, auf mich zu und von mir weg, wie bei einer Verfassungsprüfung. Dabei kann ich sehen, ob die Gelenke korrekt eingeschient sind. Nur dann steht es korrekt auf allen vier Gliedmaßen. Ist das nicht der Fall, werden die Gelenke schon bei geringer Belastung unnötig beansprucht.

Natürlich gibt es auch genügend Ausnahmen, Pferde, die krumm und schief stehen und trotzdem lange halten. Aber die Regel besagt: Ein korrekt eingeschientes Pferd bleibt länger im Sport. Ich achte auch darauf, ob die Hufe gesund sind, nicht zu klein und nicht zu flach. Ich möchte auch keine zu langen Fesseln haben. Die Proportionen müssen stimmen.

DIE BRUST

Eine relativ breite Brust ist zu bevorzugen, weil in diesem Bereich Herz und Lunge sitzen. Bei mehr Lungenvolumen kann das Herz besser arbeiten. Für die Organe und die Bewegung aus der Schulter heraus ist es wichtig, daß der Ellbogenhöcker genügend Freiheit hat. Außerdem sollten Pferde mit breiter Brust auf genügend Boden stehen, weil sie dann nicht so leicht fallen.

DIE GRÖSSE

Als Grundregel kann gelten, daß ein Pferd nicht kleiner als 1,60 Meter und nicht größer als 1,75 Meter sein sollte, wobei die Grenze nach oben wichtiger ist.

Es gibt immer wieder kleine Pferde, die ihre fehlende Größe kompensieren durch ihr großes Herz und ihre gute Galoppade. Die ganz großen Pferde halten, einfach weil sie schwerer sind, den Sport auf den Beinen oft nicht aus. Sie sind oft behäbiger, langsamer und brauchen viel mehr Energie. Man muß sie langsam und sehr schonend und vorsichtig aufbauen und riskiert dennoch gesundheitliche Probleme.

DER GESAMTEINDRUCK

Wenn ich ein Pferd aussuche, ist für mich der Gesamteindruck entscheidend:

- Ich achte auf die Oberlinie, ob sie der eines Vollblüters entspricht.
- Ich schaue, ob es in der eigenen Körperbalance steht.
- Ich schaue mir die Hinterhand an. Die muß nicht unbedingt muskulös sein, aber gut gewinkelt. Das ist die Voraussetzung dafür, daß sich das Pferd später gut setzt und in der Lage ist, Gewicht aufzunehmen.
- Mir ist es wichtig, daß das Pferd weder zu kurz noch zu lang ist. Ich möchte kein Quadrat–, aber auch kein extremes Rechteckpferd haben. Beides läßt auf Probleme im Rücken schließen. Kurze Pferde sind leicht sehr fest, lange Pferde zu weich im Rücken. Überhaupt bevorzuge ich das sehr korrekt gebaute Pferd.

Mein Modellathlet – Watermill Stream genannt »Spooky«.

- Ich achte sehr auf das Auge. Daran läßt sich viel über den Charakter erkennen. Pferde mit ruhigen Augen sind meistens leichter zu handhaben. Von Pferden mit viel Weiß im Auge heißt es, sie seien ein bißchen verrückt.
- Ganz allgemein würde ich versuchen, Pferde mit viel Weiß zu vermeiden, es sei denn, es ist ein Schimmel. Aber von Pferden mit viel Weiß am Bein sagt man, daß sie in der Regel nicht sehr lange halten. Und es zeigt sich immer wieder, daß die Beine mit weißen Abzeichen die empfindlicheren sind. Es ist sicher kein Zufall, daß die Pferde, die zum Beispiel bei den langen, schweren Military–Prüfungen vorne sind, fast alle keine oder nur sehr kleine Abzeichen haben.

Ob es mehr als eine Bauernweisheit ist, daß Füchse nicht lange halten, nicht so belastbar sind wie Braune oder Rappen, weiß ich nicht. Aber ich würde nach meinen Erfahrungen eher einen Bogen um Füchse machen, weil meine beiden Füchse einen Sehnenschaden hatten.

DIE SCHULTERFREIHEIT

Wenn man sich ein Pferd in den drei Grundgangarten vorstellen läßt, sollte man nicht nur auf die aktive Hinterhand, sondern unbedingt auch auf die Schulterfreiheit achten. Die ist später beim Springen sehr wichtig, gerade wenn das Pferd wie in der Military nach dem Gelände schon ein wenig müde ist.

Pferde mit Schulterfreiheit sind Bergauf–Pferde, bei denen der Reiter nicht schon vom Gebäude her Probleme mit der Aufrichtung hat. Vor allem im Gelände ist es sehr unangenehm, wenn ein Pferd stark auf die Vorhand kommt. Es neigt bei Müdigkeit dazu, sehr schwer in der Reiterhand zu werden und vorm Sprung nicht mehr hochzukommen. Das Risiko eines Sturzes ist dann sehr groß, und außerdem ist es ermüdend für den Reiter.

DER HALSANSATZ

Über die Aufrichtung des Pferdes gibt auch der Halsansatz Aufschluß. Pferde mit tief angesetztem Hals sind schwer in die Aufrichtung zu reiten, neigen dazu, auf die Vorhand zu kommen. Pferde mit etwas höher angesetztem Hals lassen sich leichter rund arbeiten und haben auch mit der Aufrichtung kein Problem.

▶ Das Ausprobieren

Bevor ich mich auf ein Pferd setze, lasse ich es mir vorreiten und sehe mir auch Sprünge vom Boden aus an. Erst dann entscheide ich, ob ich in den Sattel steige oder schon vorher weiß: Das ist nicht mein Pferd. Dann bedanke ich mich und fahre vom Hof.

Wenn ich erst mal draufsitze, reite ich am langen Zügel und auch mit aufgenommenen Zügeln noch recht lange im Schritt, um ein Gefühl für das Pferd zu entwickeln. Im Trab und Galopp stelle ich dem Pferd nur leichte Aufgaben, gehe vielleicht auf den Zirkel, reite mal Schulterherein und probiere vielleicht mal, wie es auf die Hilfe zum fliegenden Galoppwechsel reagiert. Das ist nicht unwichtig, seit diese Lektion in der Military–Dressur verlangt wird.

Ich merke schon nach ein paar Minuten im Sattel, ob ich ein Pferd mag oder nicht. Bei Stuten bin ich grundsätzlich eher skeptisch. Ich mag sie einfach nicht und würde mir, wenn es sich eben vermeiden läßt, keine kaufen. Das ist allerdings etwas sehr Persönliches und liegt auch daran, daß ich keinen besonders guten Draht zu Stuten habe. Ein guter Draht erleichtert die Arbeit.

Ich selbst habe noch keinen Hengst gehabt. Hengste, die es im Dressur- und Springsport inzwischen ja oft gibt, sind in unserem Sport bisher noch selten. Volturno von Otto Ammermann oder Grand Prix von Ingrid Klimke waren in der Military erfolgreich. Aber schon aus praktischen Gründen würde ich mich nicht unbedingt für einen Hengst entscheiden. Wenn du mit mehreren Pferden zum Turniere fährst, kann es mit einem Hengst problematisch sein. In der Regel brauchst du dafür einen zweiten Hänger.

EINDRÜCKE VON OBEN

Schon beim Ausprobieren ist es mir wichtig, daß ich das Pferd anpacken kann und es nicht verrückt wird. Darum probiere ich, was passiert, wenn ich meine Beine zumache und versuche, es ein bißchen aufs Hinterbein zu setzen. Wenn es das akzeptiert, ist es gut. Wenn es völlig ausflippt, kann das ein Zeichen dafür sein, daß es Probleme im Rücken hat oder etwas mit den Sprunggelenken nicht stimmt.

Ich mag Pferde, die ich mit einem einfachen Gebiß reiten kann, auch wenn ich mir darüber nicht zu viele Gedanken mache, weil ich inzwischen genügend Erfahrung habe, um auch mit scharfen Gebissen umzugehen.

Ganz, ganz wichtig ist für mich die Technik am Sprung. Ich achte darauf, daß das Pferd mit dem Oberarm nach vorne kommt. Der Unterarm kann ruhig ein bißchen hängen, solange das Pferd hoch genug springt. Bei Pferden, die den Oberarm nicht nach vorne nehmen, besteht vor allem im Gelände, wenn sie müde werden, die Gefahr, daß sie stürzen. Darum achte ich darauf, daß sie ein schnelles Vorderbein und gute Reflexe haben.

Wenn das Pferd schon älter ist und Erfahrung hat, würde ich auch mal einen Sprung von 1,30 Meter machen und einen breiteren Oxer springen, um zu sehen, ob das Pferd am Sprung wirklich genügend Qualität hat. Ich reite die Sprünge mal wie im Parcours, aber auch mal im höheren Tempo wie im Gelände an, weil sich dabei die Reflexe zeigen. Und bei einem älteren, erfahrenen Pferd würde ich darum bitten, einige Geländesprünge machen zu dürfen, um sicherzustellen, daß es über einen Graben und ins Wasser springt. Mit einem jüngeren Pferd würde ich höchstens mal im Schritt ins Wasser reiten.

ERST UNTERSUCHEN – DANN KAUFEN

Ganz generell gilt, daß jeder, der ein Pferd kaufen will, seinen Tierarzt zu Rate ziehen sollte. Und das nicht nur für die klinische und röntgenologische Untersuchung, sondern auch, um den Eindruck wiederzugeben, den er von dem Pferd hat. Wenn der Tierarzt vom Kauf abrät, zum Beispiel weil er meint, das Pferd sei zu weich, sollte man unbedingt darauf hören.

Auf jeden Fall aber lasse ich das Pferd vom Tierarzt untersuchen, sobald nach dem Probereiten von meiner Seite aus die Entscheidung für das Pferd gefallen ist.

Dabei ist es wichtig, daß er sich alles ansieht, angefangen beim Kopf, also Augen, Nase, Ohren. Ganz wichtig ist die gründliche Untersuchung des Rückens, ob die Dornfortsätze genügend Platz haben. Bei den Gelenken würde ich die Sprung- und Fesselgelenke röntgen und außerdem eine Bronchioskopie machen lassen, um zu sehen, wie das Pferd auf der Lunge ist, ob es schon mal Lungenbluten hatte oder eine Infektion verschleppt wurde. Denn das kann bei vermehrtem Training zu Problemen führen.

Bei älteren Pferden empfiehlt sich eine Ultraschalluntersuchung der Sehnen, um sicherzustellen, daß sich hinter von außen gut aussehenden Sehnen kein alter Sehnenschaden verbirgt. Bei einer so umfangreichen Untersuchung kann man vorher vereinbaren, daß Käufer und Verkäufer sich die Kosten teilen.

DIE EINSCHÄTZUNG DES TRAINERS

Und noch ein Tip zum Schluß. Wer einen Trainer hat, sollte ihn mitnehmen, wenn er ein Pferd ausprobiert, weil man von unten eine ganze Menge sieht und weil ein neutraler Beobachter auch gut beurteilen kann, ob das Pferd zu dem Reiter paßt und der Reiter mit dem einen oder anderen kleinen Problem umgehen kann oder nicht. Wer ein Pferd unbedingt haben will, ist versucht, die Augen zuzumachen. Und auch für die spätere Arbeit ist es besser, wenn der Trainer hinter dem Pferd steht.

Die Ausrüstung

▸ Die Ausrüstung des Reiters

Wenn ich aufs Pferd steige, ziehe ich grundsätzlich Reithosen an. Am liebsten reite ich in Reithosen und langen Stiefeln, weil ich damit das beste Gefühl habe. Lange Chaps mag ich nicht, benutze im Winter aber die sogenannten Minichaps, weil ich dann gefütterte, warme Schuhe tragen kann. Auch im Sommer, wenn es sehr heiß ist, sind mir Schuhe lieber als Stiefel. Allerdings achte ich darauf, nicht erst kurz vor einem Turnier wieder Stiefel anzuziehen: einmal weil ich mich dann beengt oder unwohl fühle, zum anderen weil man im Stiefel bei den Hilfen ein anderes Gefühl hat.

Selbst beim Schrittreiten tragen Andrew und ich einen Sturzhelm!

Jeder Reiter sollte herausfinden, was für ihn am bequemsten ist und wie er am besten zurecht kommt. Andrew Hoy zum Beispiel reitet immer mit halben Chaps, die ganze Woche über und das ganze Jahr durch, und trägt seine Stiefel nur, wenn er Dressurunterricht nimmt und auf den Turnieren.

DIE REITKAPPE

Meine Einstellung zur Reitkappe oder zum Helm hat sich in England grundsätzlich verändert. Früher ritt ich im Training eigentlich immer ohne Kopfschutz, obwohl das auch gegen deutsche Vorschriften verstieß. Doch auf der Insel ist das so ziemlich das Schlimmste, was ein Reiter machen kann, weil er dadurch ein schlechtes Vorbild für die Jugend abgibt. Dieser Aspekt wiegt beinahe noch schwerer als der versicherungstechnische.

Auch die Praxis hat mich eines Besseren belehrt. In Gatcombe Park reite ich immer wieder auch Rennpferde, die von Flach- auf Hindernisrennen umgeschult werden sollen, oder junge, schwierige und auch freche Pferde. Dadurch habe ich mir angewöhnt, den leichten Helm, den ich für Atlanta bekommen habe, sogar bei der Dressurarbeit zu tragen. Ich kann nur jedem Reiter ans Herz legen, an die eigene Sicherheit zu denken und einen Helm aufzusetzen. Am Anfang habe ich mich sehr gegen den Helm gewehrt und gesagt: Ich bin 35 Jahre alt geworden und immer ohne Helm geritten. Warum soll ich das ändern und mit dem blöden Ding reiten? Aber ich muß sagen, daß es eine reine Gewohnheitssache ist und mich inzwischen nicht mehr stört.

HANDSCHUHE

Ich trage beim Reiten immer Handschuhe, aber das ist eine Sache, die jeder für sich entscheiden muß. Anders ist das beim Longieren. Da sollte jeder aus Sicherheitsgründen Handschuhe tragen. Wer einmal eine verbrannte Hand hatte, weil das Pferd ihm die Longe durch die Hand gezogen hat, wird immer Handschuhe tragen. Noch besser ist, diese schmerzhafte Erfahrung gar nicht erst zu machen.

SPOREN

In der Vielseitigkeit sind nur bestimmte Sporen erlaubt, Länge und Form sind vorgeschrieben. Die Dressuraufgabe *muß* mit Sporen geritten werden. Darum empfiehlt es sich, auch zu Hause damit zu reiten. Dadurch gewöhnen sich auch Pferde, die sehr empfindlich sind, daran, und der Reiter lernt, mehr mit der Wade als mit dem Fuß zu reiten, also die Sporen nur dann einzusetzen, wenn sie wirklich gebraucht werden. Das erfordert einen sehr ruhigen Unterschenkel.

Ich benutze in Prüfungen längere Sporen als zu Hause im Training. Ich fühle mich damit einfach wohler, meine, schneller am Pferd zu sein, obwohl ich gar nicht glaube, daß der Effekt sehr viel größer ist.

DIE GERTE

Das eine oder andere Pferd wird im Training mit Gerte geritten, wenn es von hinten mehr versammelt oder fleißiger gemacht werden muß. Watermill Stream wird in einer Prüfung nur selten mit Gerte geritten, weil er genug vorwärtsgeht.

In der Dressuraufgabe ist die Gerte ohnehin verboten. Wer beim Abreiten eine benutzt, muß also daran denken, sie vor dem Einreiten wegzuwerfen. Bei jungen Pferden finde ich im Springen und im Gelände eine Gerte ratsam. Nicht, um das Pferd zu strafen. Das sollte, wenn es mal nötig ist, nur zu Hause geschehen und niemals während eines Turniers. Aber der Reiter kann das Pferd im Parcours oder auf der Q-Strecke mit einem kleinen Klaps an die Schulter im rechten Moment aufmerksam machen oder auch nur aufmuntern, zum Beispiel doch ins Wasser zu springen.

▸ Die Ausrüstung des Pferdes

LEITSATZ

Gute Qualität zahlt sich aus, vor allem im Gelände. Trense, Martingal und Sattelzeug sollten aus sehr gutem Leder sein und täglich gepflegt werden. Im Stall Overesch/Hoy werden die Trensen jeden Tag mit Sattelseife gereinigt. Noch wichtiger ist es, das Gebiß nach jeder Benutzung gründlich zu säubern. Alter Schmutz führt schnell zu Problemen im Maulbereich. Mein Leitsatz lautet: Das Sattelzeug ist mein Schaufenster. Es sieht einfach furchtbar aus, wenn das Sattelzeug dreckig ist.

DIE TRENSE

Welche Trense man benutzt, ist abhängig vom Pferd. Trotzdem hat natürlich auch jeder Reiter seine Vorlieben. Ich reite am liebsten mit einem englischen Reithalfter mit Sperriemen, aber Watermill Stream geht sehr oft mit einem mexikanischen Reithalfter, das auf dem Nasenrücken gekreuzt ist. Im Training benutze ich auch manchmal ein hannoversches Reithalfter. Ein unerfahrener Reiter sollte sich bei der Wahl der Trense mit seinem Trainer besprechen.

Seit einiger Zeit sind Reithalfter auf dem Markt, deren Verschluß einem Flaschenzug ähnelt. Ihr Vorteil: Sie sind sehr gut gepolstert, sowohl auf der Nase als auch hintenherum. Und sie bieten die Möglichkeit, das Reithalfter fester anzuziehen und das Pferd dadurch zu hindern, mit dem Gebiß zu spielen.

DAS GEBISS

Am liebsten verwende ich doppelt gebrochene Gebisse und als Material Auregan. Auregan ist absolut nickelfrei, hat aber einen relativ hohen Kupferanteil. Und Kupfer regt das Pferd zum Kauen an.

Pferde, die schon mal »stark« werden können, reite ich im Gelände mit einer Knebeltrense. Die ist zwar auch doppelt gebrochen, hat also zwei Gelenke, zusätzlich aber in der Mitte ein kleines Plättchen. Die langen, geraden »Knebel« an den beiden Trensenenden verhindern, daß die Trense, etwa bei einer scharfen Wendung, durchs Maul gezogen werden kann. Diese beiden Gebißarten benutze ich bei meinen jüngeren Pferden.

Watermill Stream geht in der Dressur manchmal mit Kandare. Das ist national ab Prüfungen der Klasse M erlaubt, international vom Ein-Sterne-CCI an. Früher dachten viele Reiter, daß sie mehr Punkte bekämen, wenn sie in der Dressur eine Trense benutzen. Das ist aber Blödsinn. Ich treffe die Entscheidung nach meinem Gefühl. 1997 habe ich zwei Prüfungen mit Kandare geritten, bin dann aber noch vor der Europameisterschaft auf die Trense zurückgekommen, weil Watermill Stream auf die Kandare zu sensibel reagierte.

Ich habe auch früher schon Pferde gehabt, die ich im Gelände mit den sogenannten K+K-Universalgebissen geritten habe. Die haben drei Ringe, ein Gelenk in der Mitte, sind ein bißchen gebogen und haben eine leichte Hebelwirkung, weil sie neben dem normalen Trensenring, den jedes Gebiß hat, noch zwei kleinere Ringe haben, einen darunter und einen darüber. Mit solch einem Gebiß reite ich Watermill Stream im Springen, weil er nach dem Gelände immer sehr nach vorne eingestellt ist und mir im Laufe der Jahre ein bißchen zu stark geworden ist. Im Gelände reite ich ihn mit einem Duo-Pelham aus Kunststoff. Das Material, Nathe, ist relativ weich, biegsam, weiß. Das Pelham hat eine leichte Zungenfreiheit, das Gebiß eine Kinnkette. Ich benutze kein Zwischenstück und schnalle die Zügel unten ein.

Grundsätzlich bevorzuge ich die harmloseren Gebisse. Ich habe gelernt, daß schärfere Gebisse starke Pferde eher noch stär-

Andrew käme auch vom Boden aus aufs Pferd. Aber er würde dabei den Sattel zwangsläufig nach links verschieben, was den Rücken des Pferdes unnötigerweise einseitig belastete. Druckstellen wären vorprogrammiert. Darum steigen wir grundsätzlich mit Aufsteigehilfe auf oder lassen uns in den Sattel heben.

ker machen, weil sie stärker gegen das Gebiß gehen. Es ist mehr eine Frage der Technik, wie ich zwischen den Sprüngen reite. Da kann ich meine Kraft und die Kraft des Pferdes schonen, wenn ich es eher in seinem Tempo galoppieren lasse und nicht ständig mit der Hand einwirke. Dann reagiert es auch besser, wenn ich vor den Sprüngen mit Zügelhilfen die Aufmerksamkeit erhöhe.

DIE ZÜGEL

Ich bin ein Fan von Gummizügeln, aber das ist eine Geschmacksfrage. Es spricht nichts gegen Gurtzügel. Ich selbst benutze in allen drei Disziplinen Gummizügel, für Dressur und Springen einen dünneren, der relativ fein und leicht ist, fürs Gelände einen dickeren, auf den Stege aufgenäht wurden, damit er nicht so leicht durch die Finger rutscht.

Vorsicht ist bei Doppelzügeln angebracht, weil man den Zügel nicht so schnell verlängern oder verkürzen kann. Zu Hause reite ich das eine oder andere Pferd mal mit Schlaufzügeln, vor allem solche, die nach oben 'rausschlagen. Unerfahrenen Reitern rate ich unbedingt, Schlaufzügel nur unter Anleitung zu gebrauchen. Ein Schlaufzügel ist nicht dazu da, den Kopf des Pferdes nach unten zu ziehen. Es ist sehr, sehr schwierig, korrekt und gut mit einem Schlaufzügel umgehen.

DER SATTEL

Am Anfang reicht ein Vielseitigkeitssattel für alle drei Disziplinen. Damit bin auch ich viele Jahre lang ausgekommen.

Einen gebrauchten Sattel sollte man nur kaufen, wenn er wirklich optimal auf das Pferd paßt. Besser ist ein neuer Sattel, der nicht nur für den Reiter bequem ist, sondern dem Pferd angepaßt wird. Für Spezialgeschäfte gehört das zum Service, und man kann sich, vor allem aber dem Pferd viele (Rücken-) Probleme ersparen. Außerdem darf man aber nicht vergessen, daß auch ein Maßsattel nach einiger Zeit vielleicht nicht mehr optimal auf das Pferd paßt. Pferde verändern im Training, mit fortschreitendem Alter, oft die Figur. Man sollte also immer auf Anzeichen von Schmerz oder Unbehagen beim Pferd achten und den korrekten Sitz von Zeit zu Zeit überprüfen.

Ein bißchen besser fährt, wer zwei Sättel hat, einen für die Dressur, einen für Springen und Gelände. Schon bevor ich nach England zog, waren mir fürs Springen Sättel mit kleinen Pauschen, sogenannte Flachsitzer, am liebsten. Selbst diese kleinen Pauschen schnitt Andrew Hoy ab. Das Warum steht im Kapitel »Der Sitz des Reiters beim Springen«.

Heute achte ich darauf, daß der Springsattel weit genug nach vorne gebaut ist, aber auch wieder nicht so weit, daß er die Bewegungsfreiheit der Schulter des Pferdes einschränkt. Wenn überhaupt, sollte er nur vorne eine kleine Pausche in der Form einer Banane haben, hinten gar keine.

DIE STEIGBÜGEL

An den Steigbügelriemen sollte man nicht sparen. Gute Qualität zahlt sich auch hier aus. Und wenn das Leder täglich gepflegt wird, halten sie auch lange.

Meine Steigbügel haben an beiden Seiten ein Dreifachgelenk, so daß das Fußgelenk besser nach vorne abfedern kann. Die ersten dieser Steigbügel hatten nur ein Doppelgelenk. Inzwischen gibt es auch welche mit einem weiteren Gelenk für seitliche Beweglichkeit des Fußes. Von denen halte ich aus eigener

Dieser Steigbügel bewahrt vor Knieproblemen.

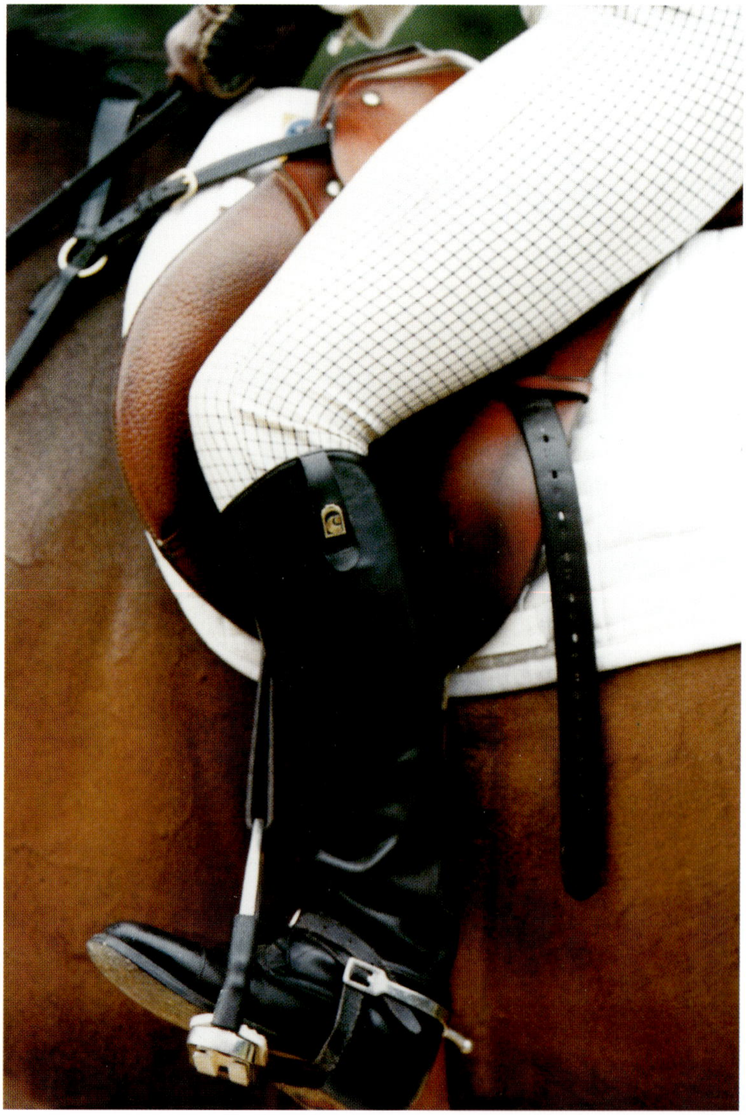

Erfahrung noch mehr. Seit ich diese Steigbügel benutze, habe ich keine Probleme mit meinen Knien mehr.

Nicht begeistert bin ich von den aufgerauhten Steigbügeleinlagen aus Metall, die verhindern sollen, daß der Fuß aus dem Bügel rutscht. Ich trage lieber Reitstiefel mit Gummisohlen, die die gleiche Wirkung haben.

Überhaupt nichts halte ich von Steigbügeln, die sich lösen. Auch wenn die Hersteller versprechen, daß sich der Bügel nur löst, wenn der Reiter herunterfällt, habe ich es immer wieder erlebt, daß sich ein Bügel zum Beispiel durch Materialverschleiß löst. Und nichts ist unangenehmer, als eine lange Prüfung ohne Bügel nach Hause reiten zu müssen. Cord Mysegaes hat diese Situation in Barcelona bravourös gemeistert, meistern müssen, nachdem sich seine Steigbügel aus der Halterung gelöst hatten. Aber ich meine, man kann gut ohne eine solche Erfahrung auskommen.

KONTROLLE IST BESSER!

Es ist unbedingt ratsam, das gesamte Sattelzeug vor einer langen Prüfung von einem Sattlermeister durchsehen zu lassen. Ein geübter Pfleger kann das auch übernehmen. Jede noch so kleine Schwachstelle wird dann behoben, wenn möglich repariert oder durch ein neues Teil ersetzt. Nichts ist ärgerlicher, als wenn mitten in der Prüfung der Gurt oder das Zaumzeug reißt.

Zwei Springreitern ist das bei Olympischen Spielen passiert. Dem Franzosen Pierre Durand ist 1984 in Los Angeles der Sattelgurt gerissen, Ludger Beerbaum 1992 im Nationenpreis in Barcelona das Hackamore. Beide haben ihr Mißgeschick kompensiert und sind Olympiasieger geworden, Pierre Durand vier Jahre später in Seoul, Ludger Beerbaum noch 1992 (Einzel-Gold). Trotzdem lehren beide Beispiele: Man muß das Risiko so klein wie möglich halten. Ganz ausschließen kann man es ohnehin nicht. Auch wenn man die Ausrüstung gründlich untersucht hat, sollte man zu großen Prüfungen immer genügend Reservematerial mitnehmen: Zügel, Trensen, Gebisse, Sattelgurte, Steigbügelriemen.

Zwei Ausrüstungen, eine »für gut«, also fürs Turnier, eine fürs Training, müssen nicht sein. Und auf keinen Fall sollte man eine neue Trense oder einen neuen Sattel erstmals in einer Prüfung benutzen.

SATTELDECKEN

Wenn es sehr warm ist, schwitzen die Pferde mit Schabracken nur unnötig. Auf Turnieren, vor allem in der Dressur, sehen sie allerdings besser aus.

Gelkissen wirken wie kleine Stoßdämpfer und sind bei empfindlichen Pferden zu empfehlen. Watermill Stream ist sehr wählerisch. Er fühlt sich am wohlsten mit einem Lammfell, wie es Mütter als Decke für ihre Babys benutzen. Im Winter haben sich Polypads bewährt, die etwas dicker sind.

DER SATTELGURT

Gurte mit elastischen Seitenteilen ermöglichen es dem Pferd, normal zu atmen, weil sie leicht nachgeben. Für den Reiter haben sie zusätzlich den Vorteil, daß das Nachgurten einfacher ist.

DIE GAMASCHEN

Wir reiten grundsätzlich mit Gamaschen, möglichst vorne und hinten. Für die Dressur und im Gelände nehme ich geschlossene Gamaschen, beim Springen offene aus Leder, Plastik, Neopren oder anderem Material. Die offenen Gamaschen finde ich deshalb gut, weil das Pferd, wenn es auf dem Abreiteplatz einen Fehler macht, dies auch merken soll. Nur dann kann es seine Lehre daraus ziehen und vorsichtiger springen.

Auch zum Abreiten für die Dressur benutze ich weiche Gamaschen mit Klettverschluß, die schnell anzulegen und abzumachen sind. Hautempfindliche Pferde, zu denen auch Watermill Stream zählt, werden zu Hause ebenfalls mit Bandagen geritten, um Scheuerstellen zu vermeiden.

Hinten im Sehnenbereich verstärkte Gamaschen sind im Gelände am besten, sowohl beim Training als auch in der Prüfung, weil sie das Pferd auch schützen, wenn es von hinten nach vorne durchgreift, mit den Hinterbeinen die Vorderbeine streift. Außerdem sollten die Gamaschen atmungsaktiv sein und möglichst wenig Wasser aufnehmen, weil sie sonst schnell sehr schwer werden.

Im Gelände reite ich grundsätzlich mit Glocken, die hinten innen ein kleines »Knöpfchen« haben. Dadurch liegen sie sehr gut in der Fesselbeuge und verdrehen sich nicht so leicht. Wer Glocken benutzt, muß sich der Gefahr bewußt sein, daß das Pferd in die Glocken springen und dadurch stürzen kann. Doch bei Glocken mit Klettverschluß, die sehr festgezogen werden können, halte ich diese Gefahr für eher gering.

Die Hinterbeine werden mit möglichst langen Gamaschen geschützt, die weit nach unten reichen und innen den Bereich zwischen Fesselgelenk und Kronrand mit einer weichen Verlängerung mehr oder weniger abdecken, damit sich das Pferd nicht mit dem Stollen selbst streift.

Watermill Stream geht im Gelände mit Portergamaschen aus einer Art Styropor, die mit einer Bandage festgemacht werden. Eine Spezialbandage unter der Gamasche schützt die Haut zusätzlich vor Verletzungen durch kleine Steinchen oder Sandkörner.

VORDERGESCHIRR

Mir sind V-förmige Vordergeschirre aus etwas kräftigerem Leder ohne elastisches Zwischenstück am liebsten. Ich habe das Gefühl, daß die V-Form der Schulter des Pferdes ihre Bewegungsfreiheit läßt. Mit einem elastischen Zwischenstück rutscht der Sattel bei schlanken Pferden zu sehr nach hinten. Wenn sich mit dem Sattel auch der Schwerpunkt des Reiters nach hinten verschiebt, bedeutet dies unnötigen Streß fürs Pferd. Außerdem rutscht mit dem Sattel auch der Gurt nach hinten und kann im Bauchbereich unangenehmen Druck verursachen.

DAS MARTINGAL

Pferde wie Watermill Stream, die mit sehr hohem Kopf galoppieren, reite ich im Gelände und im Springen mit einem Martingal, damit sie sich nicht ganz nach oben freimachen können. Meine beiden jungen Pferde, Unsung Hero und Jarretts Jam, gehen ohne Martingal. Beide drücken sich nicht nach oben weg, sondern gehen eher schon mal zu tief, und dafür ist das Martingal keine Hilfe.

▸ Die Führmaschine

Wir haben leider keine Führmaschine, aber wir wären sehr froh, wenn wir eine hätten. Dann könnten sich die Pferde schon morgens die Beine vertreten, während ihre Boxen gemistet werden. Auch nach dem Reiten fände ich es nicht schlecht, die Pferde abzuwaschen und für eine Viertelstunde in die Führmaschine zu geben, statt sie trockenzureiten, wobei der Rücken weiter beansprucht wird.

Ich gebe zu, daß ich anfangs wie so viele skeptisch gegenüber Führmaschinen war, dachte, es sei für die Pferde sehr langweilig, immer im Kreis herumzugehen. Aber dann habe ich Pferde in den Freilauf-Führmaschinen längere Zeit beobachtet und gesehen, wie zufrieden sie darin gehen. Reiter und Pflegepersonal können in der Zeit etwas anderes machen. Das spart Zeit und damit auch Geld.

Ich würde allerdings keine Führmaschine haben wollen, in der die Pferde angebunden werden. Dann lassen sie sich oft ziehen und drücken den Rücken weg.

▸ Das Laufband

Ich weiß, daß Laufbänder in vielen Springställen benutzt werden. Ich persönlich hätte Angst vor Verletzungen und würde meine Pferde nie unbeaufsichtigt auf ein Laufband geben. Wenn aber jemand dabeisein und das Pferd im Auge behalten muß, fällt die Zeitersparnis weg, und ich kann mein Pferd genausogut vor oder nach dem Reiten noch ein bißchen klettern lassen.

▸ Das Longieren

Wir longieren unsere Pferde relativ häufig. Dabei benutzen wir entweder Schlaufzügel, ein Chambon oder seitliche Ausbinder. Die Wahl richtet sich nach dem Ziel, das wir beim Longieren erreichen wollen.

DAS CHAMBON

Soll sich das Pferd nur vorwärts-abwärts dehnen, ist ein Chambon angebracht. Nicht so gut finde ich dabei, daß die Seitenanlehnung fehlt. Dadurch kann ich das Pferd unter Umständen ein bißchen lose im Widerrist machen. Ein Chambon kommt darum in meinen Augen nur für Problempferde in Frage.

SCHLAUFZÜGEL

In der Regel bevorzuge ich das Longieren mit einem Schlaufzügel. Da habe ich die seitliche Begrenzung, und das Pferd kann sich außerdem noch vorwärts-abwärts dehnen.

AUSBINDER, DREIECKSZÜGEL

Geht es mir beim Longieren um die Aufrichtung, sind seitliche Ausbinder angesagt. Oder ich verwende einen Dreieckszügel, der an der Seite und weiter oben befestigt wird. Aber vorher lasse ich das Pferd zum Lösen lang und tief gehen.

ÜBER STANGEN

Beim Longieren lassen wir unsere Pferde auch sehr viel über Stangen traben, um die Bewegungsfreiheit der Schulter zu schulen. Pferde, die Schwierigkeiten haben, ihre Schulter nach vorne zu bringen, werden dadurch flexibler. Pferde, die von Natur aus nicht genügend von hinten mittreten, werden durch die Stangen angeregt, weil sie sich ein bißchen mehr anstrengen müssen.

Wir longieren meistens mit Trense und meistens mit einem Longiergurt, es sei denn, ich benutze das Longieren zum Lösen und will anschließend noch reiten. Dann geht das Pferd schon an der Longe mit Sattel. Bandagiert werden unsere Pferde auch für die Longenarbeit.

Zu Hause longieren wir sie in der Halle. Draußen kann doch recht viel passieren. Wenn in der Halle die Longe mal durch die Hand flutscht, kann das Pferd wenigstens nirgendwo hin. Und die Begrenzung durch die Bande ist beim Longieren auch sehr hilfreich.

Die Balance des Reiters

Ich kann gar nicht oft genug betonen, wie wichtig es ist, daß der Reiter ausbalanciert und im Schwerpunkt des Pferdes sitzt. Das ist die Voraussetzung dafür, daß er das Pferd nicht stört. Und nur ein korrekt sitzender Reiter kann auch korrekte Hilfen geben, die das Pferd auch versteht.

In der Dressur gibt ein falsch sitzender Reiter nicht nur ein schlechtes Bild ab. Er hindert das Pferd auch daran, seine Stärken zu entfalten. Der falsche Sitz hat langfristig möglicherweise auch Folgen für die Gesundheit des Pferdes – weil es sich verspannt oder Muskeln einseitig ausbildet. Im Springen, vor allem aber im Gelände können die Auswirkungen schon kurzfristig fatal sein. Verliert der Reiter und mit ihm das Pferd die Balance, zieht das nicht selten einen Sturz nach sich. Darum ist es so wichtig, am Sitz zu arbeiten.

DER UNTERSCHENKEL

Im Idealfall soll der Unterschenkel im Gelände, aber auch beim Springen im Parcours am Gurt liegen. Stabil liegen! Dann kann ich mit meinen Sporen direkt hinterm Gurt einwirken. Das ist auch darum so wichtig, weil ein flatternder Unterschenkel, der nach hinten wegrutscht, sich auch auf den Oberkörper auswirkt. Das heißt, der Oberkörper fällt dann nach vorne. Dadurch bringe ich nicht nur mich selber aus der Balance und muß meinen Sitz nach dem Sprung wieder ordnen, um wieder gerade zu sitzen. Ich bringe auch mein Pferd aus der Balance.

DER OBERKÖRPER

Wenn ich auf einen Sprung zureite, möchte ich, daß das Pferd mit der Vorhand abhebt, sonst kommt es nicht über das Hindernis. Wenn ich in dem Moment, in dem mein Pferd vorne hochgeht, mein Gewicht zu stark nach vorne verlagere, mache ich es dem Pferd unnötig schwer, die Vorhand zu entlasten.

Fotos aus dem Springsport zeigen meistens einen Reiter, dessen Oberkörper weit nach vorne verlagert ist. Beim Überwinden sehr hoher Sprünge ist das auch notwendig. Aber die guten Reiter sind auch über hohen Sprüngen in der Balance.

»Spooky« will nach Den Haag. Das sieht man an seinem Gesicht. Noch hat Andrew mich nicht in der Mangel gehabt, darum sitze ich nach meinen heutigen Maßstäben nicht ideal: Ich gehe mit dem Oberkörper zu weit nach vorne, meine Unterschenkel fliegen nach hinten, sind nicht am Pferd. Trotzdem sind wir 1994 in Burg Eltz gut durchs Wasser und nach Den Haag gekommen.

DER SATTEL

Im Gelände wird nicht so hoch gesprungen, aber man sieht trotzdem sehr viele Reiter, deren Unterschenkel überm Sprung nach hinten fliegen. Das liegt zum Teil an den Sätteln, die meiner Meinung nach vorne und hinten viel zu dicke Pauschen oder Blöcke haben, wodurch das Bein in eine Position gebracht wird, die beim Aussitzen nicht unbedingt falsch ist. Aber die Blöcke erlauben es dem Reiter nicht, beim Springen in der Balance zu bleiben.

Vor allem der Block vorne verhindert, daß mein Oberschenkel nach vorne kommt. Weil der Oberschenkel nicht nach vorne kann, rutscht mir der Unterschenkel automatisch weg.

Für einen stabilisierten Unterschenkel ist es notwendig, daß mein Oberschenkel nach vorne kommen kann. Und das geht nur mit kleinen Blöcken oder gar keinen.

EIN FLACHSITZER SCHAFFT ABHILFE

Für jemanden, der einen Sattel mit dicken Blöcken oder Pauschen gewohnt ist, ist ein Flachsitzer eine große Umstellung. Aber sie lohnt sich, wie ich aus Erfahrung weiß. Ich hatte schon einen Flachsitzer, von dem Andrew dann noch die Blöcke abge-

Man denkt, der Unterschenkel liegt korrekt. Aber ich klemme mit dem Knie. Darum rutscht mir im Entlastungssitz mein Unterschenkel nach hinten weg.

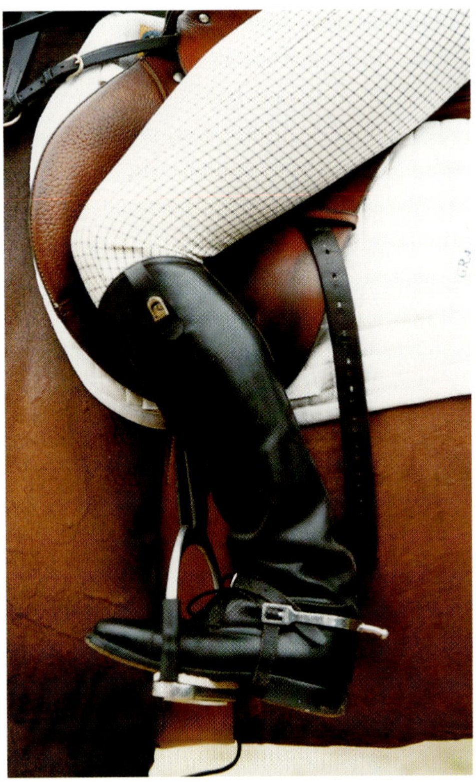

schnitten hat. Weil Andrew mich mit extrem kurzen Bügeln reiten ließ, damit ich ein besseres Gleichgewicht bekam, haben meine Unterschenkel anfangs sehr geschmerzt. Und doch habe ich gemerkt, daß ich am Sprung sehr viel sicherer und ausbalancierter geworden bin, weil meine Beine nach vorne kamen.

Ich will es noch einmal sagen: Das Problem ist, daß die Blöcke den Reiter in eine falsche Position bringen. Dadurch lernt er nicht, sich selbst auszubalancieren. Wer von Anfang an flache, weit vorgebaute Sättel benutzt, fängt gar nicht erst an, mit dem Knie zu klemmen, weil er den Sprung im Knie abzufedern versucht, statt, wie es eigentlich richtig wäre, im Fußgelenk. Ein Bild, das jeder kennt, mag unterstreichen, was ich meine: Werden bei der Landung nach einem Sprung die Knie ganz fest an den Sattel gedrückt, bewegen sich Unterschenkel und Füße automatisch weg vom Pferd, sehen wie abgespreizt aus. In dieser Haltung kann ich mit dem Unterschenkel nicht aufs Pferd einwirken, keine Hilfe geben.

EXTREM KURZE BÜGEL ERLEICHTERN DIE UMSTELLUNG

Ich merke, daß mir mein Unterschenkel immer noch manchmal wegrutscht. Ich wünsche ihn mir noch wesentlich

Der Unterschenkel liegt deutlich weiter vorne. Ein leicht offenes Knie erleichtert es dem Reiter, seinen Unterschenkel in stabiler Lage am Pferd zu halten. Auf diese Weise kann er sein Gewicht im Fußgelenk abfedern und nicht wie in den beiden vorigen Bildern im Kniegelenk.

stabiler. Am Anfang, nachdem Andrew die Blöcke von meinem Sattel abgeschnitten hatte, bin ich beim Galopptraining mit extrem kurzen Bügeln im leichten Sitz geritten. Ich stand also in den Bügeln, und das hat mir später geholfen, überm Sprung und in der Landung mein Gewicht im Fußgelenk abzufedern. Die Bügel waren so kurz, daß sie mir wie die Bügel von Jockeys vorkamen, obwohl sie so kurz noch lange nicht waren. Meine Wadenmuskeln haben wie Feuer gebrannt, weil sie an die andere Lage nicht gewöhnt waren, auch nicht an den tiefen Absatz.

JOCKEYS WISSEN, WARUM

Ich habe noch eine sehr interessante Feststellung gemacht: Watermill Stream ist während des Galopptrainings mit diesem Sitz längst nicht so stark geworden wie bei dem, ich sage mal: alten Sitz. Plötzlich wurde mir klar, warum die zierlichen Jockeys ihre Rennpferde halten können.

Wenn du mit sehr kurzen Bügeln reitest, bist du automatisch mit dem Oberkörper etwas weiter hinten, und du reitest mit einer etwas höheren Hand. Beides zusammen bewirkt, daß du dein Pferd erheblich besser unter Kontrolle hast. Watermill Stream ist nicht nur nicht so stark geworden, er hat auch wesentlich besser auf meine Hilfen reagiert. Andrew wußte das aus seiner Arbeit mit Rennpferden. Aber ich hätte das nicht für möglich gehalten, hätte ich nicht selbst die Erfahrung gemacht.

DIE HÄNDE

Inzwischen weiß ich, daß tiefe Hände dazu führen, daß ich als Reiter in der Schulter blockiere. Dadurch bin ich im ganzen Oberkörper verkrampft, nicht mehr flexibel im Ellenbogen und provoziere mein Pferd, gegen die Hand zu gehen. Drücke ich meine Hände herunter, erlaube ich keine Bewegung des Pferdehalses, sondern fixiere und halte, wogegen sich manche Pferde wehren, indem sie stark werden.

Wie so oft sage ich es am besten und verständlichsten mit Andrew: Die Hände sollten so hoch sein, daß ich sie in etwa im Blick habe, ohne daß ich meine Augen darauf richten muß. Das kommt dem nahe, was in jedem Lehrbuch steht: Mein Ober- und Unterarm bilden einen rechten Winkel.

DER ELLENBOGEN

Zusammen mit der etwas höheren Hand ist mein Ellenbogen dadurch elastisch.

Der elastische Ellenbogen ist grundsätzlich wichtig, besonders aber bei heißen Pferden, die noch heißer werden, wenn ich ständig gegenhalte. Auch bei anderen Pferden kann ich mit einem elastischen Ellenbogen den Galoppsprung besser herauslassen. Das ist vor allem im Gelände von Bedeutung. Denn der Reiter soll nicht halten, halten, halten und dann vorm Sprung die Zügel quasi wegschmeißen und sich selbst unnötig nach vorne werfen.

Besonders ein Vollblüter, dessen Reiter ständig im Pferdemaul hängt, wehrt sich, rennt nur noch gegen das Gebiß und damit auch gegen die Sprünge, denen er dann nicht mehr genügend Aufmerksamkeit schenkt. Genau das sollte man vermeiden. Im Gelände und auch im Parcours ist es ganz wichtig, immer eine leichte Verbindung zum Pferdemaul zu halten, damit das Pferd sozusagen in meine Hand hineinspringt, in einen Kontakt hinein. Diese Anlehnung gibt ihm Sicherheit, ist aber nicht zu verwechseln mit Druck auf dem Zügel.

Ich gehe so weit mit, wie das Pferd sich dehnen möchte, aber mein Zügel hängt nicht durch, weil mein Ellenbogen ja elastisch ist. Im Idealfall habe ich vom Anreiten des Sprunges über das Abheben bis zur Landung eine gleichbleibende Verbindung zum Pferdemaul.

Die höhere Hand hat einen sehr positiven Nebeneffekt: Automatisch bleibe ich mit meinem Gewicht auch überm Sprung und bei der Landung weiter hinten. Dadurch sitze ich mehr im Schwerpunkt des Pferdes und störe es nicht in seiner Balance.

Linke Seite: Mit Peacetime 1988 in Badminton an der Normandy Bank. Schon beim Abgehen der Geländestrecke hatte mir gerade dieser Sprung sehr großen Respekt eingeflößt.
Heute stört mich an diesen Bildern vor allem mein Sitz. Aber durch die extrem dicken Springpauschen war es fast unmöglich, mich in einer guten Balance zu halten.

So sieht die Handhaltung im Idealfall aus.

RHYTHMUS UND SICHERHEIT

Ich habe Andrew auf Pferden gesehen, die mit seinen Vorgängern in Prüfungen ausgeschieden sind. Er reitet sie zwei, drei Tage in Achterfiguren über Stangen, fühlt sich in ihren Rhythmus ein oder arbeitet den Rhythmus, der vielleicht verlorengegangen ist, wieder heraus und gibt ihnen dadurch so viel Sicherheit, daß sie mit ihm problemlos eine kleinere Prüfung absolvieren. Die Pferde bekommen von Sprung zu Sprung so offensichtlich Selbstvertrauen, daß es eine Augenweide ist, das zu beobachten. Sicherlich hat das auch mit Andrews Talent zu tun. Aber ich glaube, daß sich mit viel Fleiß und entsprechendem Training jeder das Rhythmusgefühl mindestens bis zu einem gewissen Grad erarbeiten kann.

GEDULD, GEDULD, GEDULD

Aus eigener Erfahrung weiß ich, daß es Zeit braucht, diesen Sitz zu lernen. Auch nach gut einem Jahr ist er mir noch nicht völlig in Fleisch und Blut übergegangen. Als ich zu Andrew kam und er meinen Sitz umpolte, hat er mich das üben lassen, bis ich fast wahnsinnig geworden bin. Ich habe gedacht, ich fange völlig neu an zu springen, und kam mir wie eine Anfängerin vor. Aber ich habe dann irgendwann gemerkt, daß ich viel weniger mit meinen Pferden kämpfe und sie viel zufriedener gehen. Ich bin zwar in jeder Sekunde am Pferd, aber ich bin nicht so streng am Pferd durch den elastischen Ellenbogen und den besser ausbalancierten Sitz, der besonders Vollblütern und heißen Pferden gut bekommt.

In jedem Fall habe ich mehr Kontrolle, ohne mehr Druck auszuüben. Und ich störe das Pferd weniger. Das macht mich im Gelände schneller.

MEIN IDEALFALL: ANDREW UND DARIEN POWERS

Im Idealfall sieht ein Ritt dann so aus wie bei Andrew und Darien Powers, bei denen jeder Sprung im Gelände nur ein etwas erhöhter Galoppsprung ist. Zugegeben, der Schimmel kann sehr viel springen, hat sehr viel Vermögen. Aber das wird ein bißchen dadurch relativiert, daß er die ganz schweren Prüfungen geht.

Andrew und Darien Powers auf dem Weg zum Sieg bei den British Open Championships 1997 in Gatcombe Park

DAS RHYTHMUSGEFÜHL

Wer sich Andrew Hoy als Trainer wählt und von dem erfolgreichen Buschreiter spektakuläre Ratschläge erwartet, wird enttäuscht. Für ihn ist es vor allem das Rhythmusgefühl, das die Topreiter im Busch von den guten Reitern trennt. Nicht nur, weil die Ritte dadurch so harmonisch aussehen. Vor allem, weil es den Pferden die Arbeit im Gelände erleichtert.

»Es ist nicht das besonders schnelle oder aufwendige Reiten und Springen, sondern die Gleichmäßigkeit, mit der Reiter und Pferd einen Geländekurs bewältigen, die den Erfolg bringt«, sagt Andrew. Und fügt hinzu: »Es dauert aber seine Zeit, bis der Reiter das Gefühl für den Rhythmus bekommt. Erfolg geschieht nicht – er entwickelt sich über einen langen Zeitraum.«

Andrew Hoy hat dieses Gefühl im Laufe von vielen Jahren entwickelt, in denen er mit den verschiedensten Pferdetypen umging. Als kleiner Junge war er auf Ponys erfolgreich. Dann sattelte er um auf Westernpferde und wurde australischer Junioren-Champion im Cutting. Nach einem Abstecher zum Rodeo entdeckte er sein Interesse für die Military, die er zu seinem Beruf machte. Um unter besten Bedingungen trainieren zu können, zog er nach England. Er reitet zwischendurch immer mal Rennpferde im Training, anfangs, um ein Gefühl für hohes Tempo zu bekommen, heute, um das Gefühl aufzufrischen. Außerdem macht ihm die Arbeit mit Rennpferden Spaß und bringt Geld.

Ich bin inzwischen davon überzeugt, daß man durch das richtige Training jedes Pferd zum rhythmischen Galoppieren bringen kann, wenn der Reiter richtig sitzt und die richtigen Hilfen gibt. Allerdings brauchte selbst ich, die ich im Grunde als Profi zu Andrew kam, jemanden, der unten stand und mich immer wieder korrigierte.

Das hat Andrew gemacht und dadurch an meinen Perfektionismus appelliert. Diese Eigenschaft macht mich sauer, wenn ich etwas nicht kann, und dann konzentriere ich mich so lange, bis ich es verinnerlicht habe und umsetzen kann. Aus eigener, manchmal entnervender Erfahrung rate ich jedem, auf keinen Fall aufzugeben, wenn es am Anfang nicht klappt. Der Aufwand, die Mühe lohnen sich, auch wenn du zwischendurch denkst: Wozu das alles?

Das Dressurtraining

Um es gleich vorweg zu sagen: Dieses Kapitel ist mir besonders schwer gefallen, gibt es doch im Dressurland Deutschland sehr viele gute Bücher, die sich mit allen Aspekten des Dressurreitens beschäftigen, geschrieben von Fachleuten, die sicherlich weitaus mehr von dieser Materie verstehen als ich.

In früheren Jahren habe ich im Prinzip den Anordnungen des jeweiligen Ausbilders zu folgen versucht und hatte dann entweder ein gutes Gefühl – das Pferd nahm den Kopf herunter, ohne daß ich 50 Kilogramm in jeder Hand hatte –, oder ich hatte ein schlechtes Gefühl, weil es den Kopf nicht herunternahm.

Erst die Prüfung zur Pferdewirtschaftsmeisterin und die damit verbundene Notwendigkeit, die Fachliteratur zu wälzen, hat mir sehr viele Dinge klargemacht:

- Was geht in meinem Pferd vor?
- Warum bereiten bestimmte Bewegungen meinem Pferd Probleme?
- Wie bringe ich meinem Pferd eine neue Lektion bei?

Diese und ähnliche Fragen beschäftigen sicherlich sehr viele Reiter.

Wie in allen anderen Sparten, im Springen und beim Geländereiten, sind die Grundlagen auch in der Dressur von entscheidender Bedeutung.

DIE SKALA DER AUSBILDUNG

Bei der Ausbildung und also auch beim Training eines Pferdes sind für mich die *Skala der Ausbildung* und die Bedeutung der einzelnen Begriffe von großer Wichtigkeit.

- Takt
- Losgelassenheit
- Anlehnung
- Schwung
- Geraderichtung
- Versammlung

Bei der Ausbildung halte ich mich weitgehend an die Skala. Takt und Losgelassenheit sind die beiden entscheidenden Aspekte in der Gewöhnungsphase.

Die nächste Stufe ist die Entwicklung der Schubkraft. Anlehnung, Schwung und Geraderichtung sind die wesentlichen Merkmale, an denen sich das Training nun orientiert.

Jetzt kann mein Pferd lernen, Tragkraft zu entwickeln. Das erreiche ich durch das Geraderichten meines Pferdes und durch die Entwicklung der Versammlung.

Die Bedeutung der *Skala der Ausbildung* ist auch daran zu erkennen, daß ich in den Kapiteln »Das Springtraining« und »Das Geländetraining« immer wieder auf die sechs Begriffe zurückkomme.

Ich kann mir vorstellen, daß viele denken: Das brauche ich für die Vielseitigkeitsdressur doch nicht. Nur in der Dressur als Spezialdisziplin kommen alle diese Aspekte zum Tragen.

Ihnen sei gesagt: Weit gefehlt! Ohne diese Grundlagen werde ich mein Pferd nie ausbilden oder weiter fördern können, seine angeborenen Fähigkeiten nie voll ausschöpfen.

Folgende Beispiele machen das schnell deutlich:

- Wie soll sich das Pferd optimal bewegen können, wenn es nicht losgelassen ist?
- Wie soll der Reiter eine Volte reiten, eine enge Wendung im Parcours oder im Gelände, wenn die Anlehnung schlecht ist?
- Wie will ich mein Pferd gerade auf der Mittellinie halten oder gerade an einen Sprung heranreiten, wenn es nicht geradegerichtet ist?

VORBEREITENDE ÜBUNGEN

Wer seinem Pferd eine bestimmte neue Lektion beibringen will, muß wissen, mit welchen vorbereitenden Übungen er es langsam an die Aufgabe heranführt.

Auch hierfür ein Beispiel. Mein Pferd soll Schulterherein lernen. Mit folgenden Schritten bereite ich es darauf vor:

- Kennenlernen des seitwärtstreibenden Schenkels
- Volten
- Reiten in Stellung, erst auf gebogener, dann auf gerader Linie
- Reiten in Schulter-vor-Stellung
- Schulterherein

Genau wie in allen anderen Bereichen des Reitens gilt: Ich fange immer mit der leichteren Übung an und steigere die Anforderung an mein Pferd. Gibt es Verständnisprobleme beim Pferd oder Reiter, gehe ich mindestens einen Schritt zurück, festige das, was beide zusammen schon verstanden haben, und nehme mir erst dann den nächsten Schritt erneut vor.

Das klingt alles recht banal und sehr theoretisch. Darum nun etwas praxisbezogener, konkreter:

AUFBAU EINER STUNDE

Zu Beginn einer Trainingseinheit lasse ich meine Pferde 10 bis 15 Minuten Schritt am langen Zügel gehen. Der Körper braucht eine gewisse Zeit, um warmzulaufen. Anders und genauer gesagt: Erst nach 10 Minuten sind die Gelenke genügend mit Gelenkflüssigkeit geschmiert und können stärker belastet werden.

Jeder menschliche Athlet wärmt sich sehr sorgfältig auf, weil dies sehr wichtig ist, um den Körper gesund zu erhalten. Aus dem gleichen Grund lasse ich meine Pferde, zumindest diejenigen, die dazu neigen, stark herumzutoben, entweder nur nach einer Trainingseinheit auf die Weide, oder sie gehen vorher 10 bis 15 Minuten Schritt an der Longe. Auf diese Weise stelle ich sicher, daß der Körper gut aufgewärmt ist und das Verletzungsrisiko beim Herumtoben deutlich vermindert wird.

Zurück zur dressurmäßigen Arbeit. Erst wenn der Körper warmgelaufen ist, beginne ich mit meinen lösenden Übungen, trabe an und wechsle im Leichttraben häufig die Hand.

Ich achte darauf, daß mein Pferd sich rund im Hals der Linie entsprechend biegt und sich dabei vorwärts-abwärts dehnt, ohne auf der Vorhand zu »latschen«.

Das kann ich dadurch verhindern, daß ich leicht schulterhereinartig reite. Bei korrekter Ausführung tritt das innere Hinterbein automatisch vermehrt unter den Schwerpunkt. Gleichzeitig verbessere ich die Anlehnung an den äußeren Zügel, weil mein innerer Schenkel vermehrt treibt. Ich achte darauf, daß mein äußerer Schenkel verwahrend am Pferd liegt, damit es nicht über die Schulter wegdrückt, »quer geht«. Die innere Hand kommt bei leichter Stellung des Pferdes zum Loslassen.

Wenn ich das einige Zeit auf beiden Händen gemacht habe, sollte das Pferd in gleichmäßiger Anlehnung stehen.

Schön wär's, wenn es so einfach wäre! Pferde sind von Natur aus schief, haben also eine »gute« und eine »schlechte« Seite. Ich fange immer auf der »guten« Seite an, auf der Seite also, auf der es meinem Pferd leichter fällt, sich zu biegen. Erst dann mache ich mich daran, die »schlechte« Seite zu verbessern.

HÄUFIGER HANDWECHSEL

Wichtig ist der häufige Handwechsel. Ein verspannter Muskel entspannt sich nur, wenn ich ihm nach einer kurzen Anspannung auch die Chance gebe, sich wieder zu erholen. Darum muß die Lösungsphase ausreichend lang sein. Sie sollte aber nicht die ganze Stunde dauern, denn sie ist nur die Vorbereitung für die eigentliche Arbeitsphase, ohne die das Pferd sich nicht weiterentwickeln wird.

ÜBERGÄNGE

Sobald ich mit der Arbeitsphase beginne, sitze ich aus. Am Anfang reite ich sehr viele Übergänge. Die Betonung liegt auf sehr viele. Immer wieder Trab-Schritt, auch zunächst auf gebogener Linie in leichter Schulterherein-Stellung. Dann Trab-Galopp-Übergänge. Auf diese Weise arbeite ich an der Anlehnung und der Durchlässigkeit. Gleichzeitig verbessere ich die Tragkraft. Das heißt, ich stärke die Hinterhandmuskulatur meines Pferdes.

Von Natur aus ist das Pferd nämlich nicht dazu gedacht, Gewicht auf seinem Rücken zu tragen. Die Vorhand ist mit der Mittelhand nicht durch Knochen, sondern nur durch Bänder und Muskeln verbunden. Diese Muskeln zu stärken ist Sinn der dressurmäßigen Arbeit.

Warum das so wichtig ist, versteht man sofort, wenn man weiß, daß das Pferd 70 Prozent seines Gewichtes auf der Vorhand und nur 30 Prozent auf der Hinterhand trägt. Ich muß also die Muskeln dort stärken, um im Idealfall zu erreichen, daß sich das Gewicht gleichmäßig, im Verhältnis 50:50, auf Vor- und Hinterhand verteilt. In dieser Balance ist das Pferd dann in der Lage, nicht nur den Reiter zu tragen, sondern auch Höchstleistungen zu bringen. Die Dressur dient folglich auch der Gesunderhaltung des gesamten Bewegungsapparates.

Nach diesem kleinen Ausflug in die Theorie zurück zur Praxis. Ich bin immer noch bei den Übergängen, jetzt vom Galopp zum Schritt und umgekehrt. Dabei ist die Hinterhand gefordert, weil sie vermehrt Gewicht aufnehmen muß. Außerdem arbeite ich dabei gleichzeitig an der Versammlung und verbessere sie.

Übergänge reite ich auch innerhalb einer Gangart, verkürze Trab oder Galopp und verstärke dann wieder. Dadurch lassen sich Qualität und Ausdruck der jeweiligen Gangart deutlich verbessern.

Stimmt diese von mir nur skizzierte Grundlagenarbeit, sollten die einzelnen Lektionen keine unlösbaren Probleme darstellen. Ich mache es so, daß ich einzelne Lektionen mit ihren entsprechenden Vorbereitungen in mein Training einfließen lasse. Zwischen den einzelnen Trainingseinheiten lege ich immer wieder Schrittphasen ein, damit das Pferd sich körperlich entspannen und dabei das bereits Erlernte mental verarbeiten kann.

ABWECHSLUNG DURCH ÜBERGÄNGE

Sind die Grundgangarten erst einmal gefestigt, kommt den Übergängen große Bedeutung zu. Sie sind sehr wichtig, und ein Reiter sollte gerade dann auf Übergänge zurückkommen, wenn er sich mit einem Pferd einmal festgebissen oder das Gefühl hat, daß es nicht weitergeht. Der große Vorteil der an sich einfachen Lektion »Übergänge«: Der Reiter kann dem Pferd Abwechslung bieten. Übergänge auf gebogener Linie werden von Übergängen auf gerader Linie abgelöst und umgekehrt. Übergänge vom Trab in den Schritt, vom Schritt in den Trab, vom Trab in den Galopp und zurück. Schwieriger wird es, wenn das Pferd aus dem Trab anhalten soll oder vom Galopp in den Schritt fallen. Wer viele Übergänge reitet, fördert neben der Aufmerksamkeit auch den Gehorsam und die Durchlässigkeit des Pferdes. Hinzu kommt, daß die Richter auf den Turnieren viele Lektionen nach der Qualität der Übergänge bewerten. Gute Übergänge können also viele Punkte bringen, schlechte welche kosten. Auch darum sollte jeder sie zu Hause üben.

Mentale Probleme des Pferdes

KONZENTRATION

Viele mentale Probleme des Pferdes lassen sich auf Konzentrationsfehler von Pferd und/oder Reiter zurückführen. Vielleicht denkt der Reiter an die nächste Prüfung, die in wenigen Tagen bevorsteht, und setzt sich und damit auch das Pferd unter Druck, das dann im Kopf blockiert.

Ganz wichtig ist, daß der Reiter darauf flexibel reagiert, sich eingesteht, daß er oder sein Pferd noch nicht soweit ist, und überlegt, wie er aus dieser Situation wieder herauskommt. Wer sich festgefahren hat, geht am besten gleich mehrere Schritte zurück, fängt noch einmal ganz von vorne an.

AB INS GELÄNDE

Wenn Andrew und ich merken, daß ein Pferd Probleme hat, sich zu konzentrieren, reiten wir sehr viel ins Gelände, möglichst über Stock und Stein, also auf Wegen, die das Pferd zur Aufmerksamkeit zwingen. Der Boden darf natürlich nicht extrem schwierig sein. Das Pferd soll sich ja nicht die Füße brechen. Aber es soll sich darauf konzentrieren müssen, wo es hintritt.

Nicht jeder hat ein geeignetes Gelände vor der Haustür. Aber auch mit Achterfiguren (siehe Seite 85) läßt sich das Pferd zur Konzentration erziehen. Wichtig ist in so einem Fall, die beiden Bögen möglichst klein anzulegen und das Pferd zunächst im Schritt über eine Stange treten zu lassen.

DRUCK HILFT SELTEN WEITER

Druck hilft selten weiter und ist meistens das schlechteste Mittel gegen Konzentrationsprobleme und damit einhergehende Nervosität. Einfache Aufgaben führen eher zum Ziel. Ich will noch ein anderes Beispiel bringen, um zu verdeutlichen, was ich meine: Mit der Lektion »Schulterherein« ist mein Pferd überfordert. Also gehe ich zurück zu den Übergängen vom Trab in den Schritt, vom Schritt in den Trab, dann vom Trab in den Galopp, zurück in den Trab, halte also die Aufgabe so simpel wie möglich.

Das mache ich so lange, bis sich mein Pferd beruhigt hat und wieder aufnahmefähig ist, bis ich merke, es reagiert nicht nur auf meine Hilfen, sondern nimmt auch mental wieder Verbindung zu mir auf. Habe ich das erreicht, nehme ich die Aufgabe, an der wir gescheitert waren, noch einmal in Angriff. Aber statt »Schulterherein« im Trab an der langen Seite reite ich auf den Zirkel und lasse mein Pferd dabei übertreten. Das ist zunächst nur »Schenkelweichen«. Macht mein Pferd mit, gehe ich auf die ganze Bahn, stelle mein Pferd an der langen Seite nur nach innen, reite also »Schulter vor« und danach erst »Schulterherein«. Ich mache also noch einmal die ganzen Vorübungen für Schulterherein, und zwar erst im Schritt, dann im Trab, erst auf einer gebogenen, dann auf einer geraden Linie.

Meistens bewährt es sich, ein paar Schritte zurückzugehen, wenn ich merke, daß die Verständigung zwischen meinem Pferd und mir gestört ist.

BEIM VOLLBLÜTER

Bei einem Vollblüter kann auch etwas anderes angezeigt sein. Er kann so stark blockieren, daß ich auch mit den einfacheren Übungen nicht weiterkomme. Er verhält sich dann wie ein störrisches Kind und sagt mit seinem Verhalten: Ich will nicht, ich kann es nicht, ich tue es nicht! Und wenn du mich zwingst, spiele ich ganz verrückt.

Manchmal hilft es, wenn ich in einer solchen Situation einfach die Zügel hingebe und fünf Minuten am langen Zügel Schritt reite, im Gelände, in der Halle oder auf dem Platz. Oder aber ich lasse mein Pferd einfach nur stehen und gebe ihm die Möglichkeit, am langen Zügel ein bißchen herumzugucken. Das ist, als ob ein Mensch einmal tief durchatmet und sich danach wieder seiner Aufgabe zuwendet.

DER KLÜGERE GIBT NACH

Man muß dem Pferd die Chance geben, mental abzuschalten. Der Versuch, einen Vollblüter mit Druck über eine Blockade hinwegzureiten, geht sehr oft schief. Da ist es besser, wenn der Mensch nach dem Motto handelt: Der Klügere gibt nach.

▸ Die Stimme

Ich rede mit meinen Pferden. Wenn sie beim Putzen, Satteln oder Aufsitzen nicht stehen wollen, sage ich: »Steh! Bleib stehen!« Oder auf englisch »Stand!« Und zu Hause arbeite ich persönlich auch sehr viel mit der Stimme.

Dazu muß man wissen, daß das in der Dressuraufgabe nicht erlaubt ist. Ich darf also nicht mit der Zunge schnalzen, um mein Pferd zu aktivieren, oder beim Übergang »brrrr« sagen. Aber ich kann manches auch während der Prüfung sozusagen heimlich machen – wie und wo, dazu komme ich gleich – , und darum versuche ich, meine Pferde im Training auf meine Stimme einzustellen.

Ich sage zum Beispiel sehr oft »braaaav«, was bei Andrew immer großes Gelächter hervorruft. Er kannte den Ausdruck nicht, bevor ich nach England kam, und hat am Anfang immer nach oben geguckt, weil er dachte, es säßen Krähen im Baum ...

Ein kurzes Feedback kann auch nach einer gelungenen Dressur nicht schaden.

DRESSIEREN – NA UND?

Der Gebrauch der Stimme und vor allem auch wiederkehrender Worte läßt manche vielleicht an Dressur wie im Zirkus denken. Und das ist auch richtig. Ich finde das aber nicht schlimm, wenn man es nicht übertreibt. Wenn ich Worte, die mein Pferd von zu Hause kennt, beim Abreiten vor einer Prüfung gebrauche, versteht mich mein Pferd sofort. Sage ich »braaaav« und klopfe es, weiß es, daß es seine Sache gut und richtig gemacht hat.

Und das mache ich auch in der Prüfung (dann natürlich nicht gerade vor den Richtern, sondern wenn ich in der anderen Ecke des Vierecks bin): daß ich ihm mit einem ganz leisen »braaaav« und einem kurzen Klopfen bedeute: Die Lektion war gut.

Ich habe festgestellt, daß sich meine Pferde innerlich entspannen, wenn sie durch das Lob merken, daß sie etwas richtig gemacht haben. In der Arbeit mit Unsung Hero, meinem jungen australischen Vollblüter, ist mir das im Sommer 1998 noch einmal sehr bewußt geworden. Der weiß eigentlich immer, wenn er einen Fehler macht. Beim Turnier in Wiesbaden ist er mir in der

Ohne Vertrauen liefe hier nichts. Mit Peacetime bei den Olympischen Spielen 1984 in Los Angeles auf dem Weg zur Bronzemedaille.

Dressur zweimal falsch angaloppiert, links statt rechts, wahrscheinlich auch, weil ich ihn nicht genügend nach rechts eingestellt hatte. Er wurde jedenfalls unheimlich nervös, weil er merkte, daß er irgend etwas falsch gemacht hatte, aber nicht genau wußte, was.

Ich habe dann nicht so, wie man es manchmal sieht, reagiert und ihm verärgert bedeutet: Blöder Esel, du sollst rechts angaloppieren! Sondern ich habe ihn mit der Stimme und einem kurzen Klopfen am Hals beruhigt, meine Hilfe für den Rechtsgalopp ganz klar und eindeutig gegeben, und er hat sie dann auch verstanden, weil ich ihm vorher seine Nervosität genommen hatte.

Es ist sehr wichtig, daß der Reiter in der Prüfung nicht den Kopf verliert und panisch wird, weil er denkt: Das muß jetzt klappen! und immer stärkere Hilfen gibt, auf seinem Pferd nur noch »rumbolzt«, wie wir sagen. Dann kann es passieren, daß wie in meinem Fall der Rechtsgalopp gar nicht kommt. Besser ist es, einmal durchzuatmen und neu anzusetzen mit einer klaren, eindeutigen Hilfe.

KNOTEN LÖSEN

Gerade bei Pferden, die wie Unsung Hero sehr nervös werden, wenn sie ihren Reiter nicht verstehen, wirkt die Stimme oft sehr beruhigend und trägt in dem Moment, wo etwas nicht wie geplant funktioniert, dazu bei, den Knoten zu lösen. Überhaupt sollte sich der Reiter in solchen Fällen selbstkritisch fragen: War meine Anweisung eindeutig, habe ich meinem Pferd klar bedeutet, was ich von ihm will?

Auch beim Springen setze ich manchmal die Stimme ein. Im Gelände und auch im Parcours kann ein »Hoho« vor einem schwierigen Hindernis die Aufmerksamkeit meines Pferdes erhöhen. Ein »braaaav« nach einem gelungenen Sprung, den ich vielleicht sehr groß angeritten habe, und mein Pferd hat super mitgemacht und ihn mit Bravour gemeistert, sagt ihm: Das hast du gut gemacht, und muntert es dadurch auf. Schließlich ist nicht nur der Reiter, sondern auch das Pferd in der Prüfungssituation angespannt. Mit meiner Stimme kann ich ihm einen Teil dieser Spannung nehmen.

Natürlich kann der »Fehler« auch beim Pferd liegen. Es kann sich aus Frechheit oder Übermut widersetzen oder einfach nur dumm anstellen und nicht verstehen wollen. In solchen Fällen muß der Reiter durchgreifen, um klarzumachen: So geht es nicht, jedenfalls nicht mit mir!

Positiver Ein- und Ausstieg

Eigentlich ist es eine Binsenweisheit, aber im Eifer des Gefechts wird manchmal vergessen, daß jede Trainingseinheit mit einem positiven Einstieg fürs Pferd beginnen sollte. Noch wichtiger ist allerdings, daß sie mit einer positiven Erfahrung endet.

Nehmen wir einmal an, mein Pferd war nicht dazu zu bewegen, beim Geländetraining über den kleinen Graben zu springen oder ins Wasser zu gehen. Dann reite ich zum Schluß einen kleinen Oxer oder einen kleinen Steilsprung an oder irgendein Hindernis, mit dem es bisher keine Probleme hatte, damit es ein positives Erlebnis mit in den Stall oder auf die Weide nimmt.

Blueberry Hill, Bundeschampion 1993, wäre vielleicht auch ein international erfolgreiches Vielseitigkeitspferd geworden, hätte ich ihn mit meinen heutigen Erkenntnissen und nach meinem heutigen Fitneßprogramm trainiert. Ich habe ihn zum Dressurpferd »umfunktioniert«, und wir waren bis St. Georg plaziert.

Wem das nicht sofort einleuchtet, dem sei gesagt: Ein Pferd springt nur aus Vertrauen zum Reiter. Wenn 500 bis 600 Kilo nicht springen wollen, reichen meine 54 Kilo, aber auch die 80 Kilo eines anderen Reiters, nicht aus, um das Pferd, und sei es mit noch soviel Druck, zu überzeugen. Es springt, weil es mir vertraut – oder gar nicht.

Dieses Vertrauen muß ich vorsichtig aufbauen und darf es nicht mißbrauchen, denn dadurch kann ich es sehr schnell wieder zerstören. Damit das nicht passiert, muß ich auch mal früh genug sagen: Das reicht für heute. Das Pferd hat zwar nicht alles so gemacht, wie ich es wollte. Es ist zum Beispiel nicht 70 Zentimeter in die Tiefe gesprungen, aber immerhin 20 Zentimeter. Dabei lasse ich es für heute.

Beim nächsten Mal fange ich dann mit einer Übung an, bei der ich sicher bin, daß mein Pferd sie macht. Meistens ist es gut, ihm eine mentale Pause zu geben, das heißt, das Problem vom letzten Mal nicht sofort erneut anzugehen, sondern es auf einen anderen Tag zu verschieben. Bei dieser Entscheidung verlasse ich mich auf mein Gefühl.

Spricht es für eine Pause, kann ich sie für vorbereitende Übungen nutzen, für Aufgaben, die das Pferd kann und bei denen es sich entspannt, weil es sich sicher ist. In unserem Beispiel reite ich vielleicht ins Gelände, suche mir eine Stelle mit viel Auf und Ab oder reite durch kleine Mulden.

Nach einer ein- oder zweitägigen mentalen Pause gehe ich dann das Problem, den Tiefsprung, wieder an. Das mache ich in kleinen Schritten und steigere den Schwierigkeitsgrad langsam vom ganz Leichten zum Schweren.

▸ Nicht jedes Pferd ist für die Vielseitigkeit gedacht

Natürlich gibt es auch Pferde, die einfach nicht für die Vielseitigkeit gedacht sind. Ich selbst habe das auch schon erlebt. Und dann darf der Reiter nicht die Augen zumachen, sondern muß sich den Fakten stellen.

Ich denke da an ein Pferd, das ich für die Vielseitigkeit ausbilden wollte, aber bei dem ich dann gemerkt habe, daß es schon im Springen seine Probleme hatte, weil es viel zu vorsichtig war. Außerdem fehlte ihm die richtige Einstellung. Obwohl ich sehr behutsam mit ihm umgegangen bin, blieb es im Kopf sehr schwierig, war immer ein bißchen gegen den Reiter.

Ich habe dieses Pferd einige Male zu Prüfungen mitgenommen, um es zu trainieren, habe auch ein paar Trainingsprüfungen mit ihm geritten und mir dann eingestanden, daß es einfach keinen Zweck hat. Und dann muß man auch den Mut haben, es zu lassen.

Manchmal geben sich die Probleme, wenn das Pferd älter und reifer wird. Darum kann es sinnvoll sein, ein Jahr lang nur Dressur und Springen zu reiten. Anschließend wird sich zeigen, ob das Pferd an seinen Aufgaben gewachsen, mental stärker geworden ist und sich vielleicht doch für die Vielseitigkeit eignet.

Es kann auch mal sein, daß das Pferd einfach nicht zu mir paßt, mit mir nicht springt oder im Gelände seinen Job nicht macht. Ob das so ist oder nicht, stellt sich logischerweise bei einem Reiterwechsel heraus. Kommt ein anderer tatsächlich besser mit dem Pferd zurecht, sollte ich das nicht als Niederlage begreifen. Auch solche Erkenntnisse gehören zu unserem Sport, in dem zwei Lebewesen miteinander auskommen oder sich gegebenenfalls voneinander trennen müssen.

Das Springtraining

Nach der Winterpause beginne ich mit dem Springtraining erst, wenn das Pferd wieder sicher an den Hilfen steht, also wieder an dem Punkt ist, an dem es vor der Winterpause war (siehe Seite 38 »Keep it simple«). Es muß sich darauf konzentrieren, was ich ihm mit meinen Beinen, meinem Gewicht, meinen Händen sage. Ist das wieder etabliert, fangen Andrew und ich mit allen unseren Pferden grundsätzlich auf einem Zirkel, dann in einer Achterfigur an zu springen.

▸ Stangen und Plastikblöcke

Dazu benutzen wir Stangen und statt der sonst üblichen Ständer Plastikblöcke. Ich habe sie erst durch Andrew kennengelernt, weiß aber, daß es sie auch in Deutschland gibt und daß

Unten: Nach dem Lösen tritt Unsung Hero im Schritt über eine zwischen zwei Blöcken am Boden liegende Stange.

Unten rechts: Watermill Stream trabt über die Stange – ganz konzentriert.

sie auch dort benutzt werden. Diese Blöcke kann man ehesten mit Cavalettis vergleichen. Sie sind nur noch flexibler. Je nachdem wie ich sie aufstelle, sind sie etwa 30, 50 und 80 Zentimeter hoch.

Natürlich wird das Pferd erst ganz normal auf beiden Händen gelöst, auf gebogener und gerader Linie, mit vielen Übergängen. Erst dann fangen wir an, über eine zwischen den Blöcken liegende Stange zunächst im Schritt, dann im Trab zu reiten, bevor wir über die Stange galoppieren.

Dabei beginnen wir auf dem Zirkel. Der Reiter hat schon den Springbügel, steht aber nicht auf, sondern galoppiert in aller Ruhe im Aussitzen und im Rhythmus über die Stange.

EINEN PUNKT FIXIEREN

Der Reiter kann und soll bei dieser Übung sein Auge schulen. Er sucht sich einen Punkt auf der Stange aus, an dem er sie überwinden will. Er fixiert diesen Punkt und springt dann mit seinem Pferd möglichst genau darüber.

Das verlangt sehr akkurates Reiten und hohe Konzentration und zwingt den Reiter, in einem sehr gleichmäßigen Rhythmus zu galoppieren. Im Idealfall wird die Stange immer in der Mitte des Galoppsprunges überwunden, also nicht unmittelbar nach dem Absprung und nicht erst kurz vor der Landung.

Galopparbeit über die am Boden liegende Stange, erst auf der rechten, dann auf der linken Hand.

Wie man bei Ben, einem noch jungen Pferd, sehen kann, ist es sehr schwer, alles auf einmal richtig zu machen. Erst setzt er sehr viel Energie in den Sprung, wird dann kopflastig und gerät in der Landung aus der Balance. Beim nächsten Versuch ist die Technik am Sprung nicht besonders gut, aber Ben balanciert sich bei der Landung besser aus.

DAS JUNGE PFERD SOLL AUF DEN BODEN SEHEN

Das Pferd soll die Stange wahrnehmen, also aufpassen und, ganz wichtig, auf den Boden sehen. Gerade junge Pferde gucken am Anfang in der Gegend herum und nicht dahin, wo sie hinlaufen. Die Stange zwingt sie, sich auf den Boden zu konzentrieren, weil sie sonst anschlagen. Diesen erzieherischen Effekt will ich beim jungen Pferd erreichen.

ZIEL: EIN HÖHERER GALOPP–SPRUNG

Beim älteren Pferd setze ich meine dressurmäßige Arbeit fort und verfeinere sie, während ich über Stangen galoppiere. Ich arbeite an der Durchlässigkeit, Anlehnung, Stellung und Biegung. Ich achte darauf, daß mein Pferd vor dem Sprung, in diesem Fall vor der Stange, nicht schneller wird, seinen Rhythmus behält. Damit will ich erreichen, daß mein Pferd später auch über eine höhere Stange nur einen verlängerten oder, wie Andrew sagt, einen höheren Galoppsprung macht – der englische Ausdruck ist *elevated canter* und gefällt mir eigentlich besser – sich aber am Tempo und am Rhythmus im Grunde nichts verändert.

Das Pferd soll lernen, möglichst wenig Aufhebens von um einem Sprung zu machen, ihn mit möglichst wenig Kraft und in seinem natürlichen Rhythmus zu überwinden.

Achter im Galopp

Über die Stange, die am besten auf der Länge der Bahn bei X liegt, also in der Mitte des Reitplatzes, galoppiere ich mehrmals links- und rechtsherum, auf beiden Händen. Wenn mein Pferd das gleichmäßig macht, galoppiere ich in einer Achterfigur über die Stange. Damit arbeite ich wieder an der Durchlässigkeit, an der Anlehnung, am Gehorsam des Pferdes, denn es soll darauf achten, was ich ihm mit meinen Hilfen, mit Gewicht, Schenkeln und Händen mitteile.

Gleichzeitig schule ich mein eigenes Auge, erziehe mich dazu, den einen Punkt auf der Stange sehr früh zu fixieren und nicht erst, wenn ich auf ihn zugaloppiere, sondern schon auf der Hälfte des Zirkels, wenn der Sprung noch im rechten Winkel liegt. Außerdem ist es eine Art, dem Pferd den fliegenden Wechsel beizubringen, den ich sowohl im Parcours als auch in den schweren Dressuraufgaben brauche. Ich schlage also unheimlich viele Fliegen mit einer Klappe. Die Pferde werden sehr durchlässig durch diese Arbeit, es ist für sie sehr natürlich zu galoppieren, sie entwickeln ein gutes Rhythmusgefühl, und ich verbessere die Grundfitneß.

Das Hauptaugenmerk liegt auf dem rhythmischen Galoppieren und dem Anreiten, nicht auf der Höhe des Hindernisses.

DER SITZ

Während der ganzen Zeit arbeite ich auch an mir. Ich schule mein eigenes Rhythmusgefühl, und ich kann auch an meinem Sitz arbeiten: an der ruhigen Lage meines Unterschenkels, an der ruhigen Haltung meines Oberkörpers. Ich lerne, elastisch im Ellbogen zu sein. Das ist besonders fürs Springen im Parcours und im Gelände wichtig.

Außerdem erziehe ich mich dazu, elastisch in der Hüfte zu sein. Weil ich an der Stange nicht wie bei einem normalen Sprung aufstehe, sondern sitzenbleibe, muß ich, um im Rhythmus zu bleiben, eine gewisse Elastizität in der Hüfte entwickeln. Ich lerne, mein Becken zu kippen. Denn das ist im Grunde alles, was ich über der Stange machen muß.

DER FLIEGENDE GALOPPWECHSEL

Diese Arbeit setze ich so lange fort, bis ich merke, daß mein Pferd mich versteht, daß es anfängt umzuspringen, den Galopp zu wechseln. In der Natur springt das Pferd einen fliegenden Wechsel ohne den Reiter. Es muß also später nur lernen, den Wechsel auf die entsprechende Hilfe zu springen. Wenn ich aus dem Zirkel auf die Stange zukomme, gebe ich in dem Moment, in dem das Pferd ansetzt, über die Stange zu galoppieren, die Hilfe zum Galopp auf der anderen Hand und stelle es ein bißchen in die neue Richtung. Hat das Pferd das Prinzip verstanden, baue ich den Sprung langsam höher.

Manche Pferde wechseln leichter, wenn die Stange von Anfang an etwas höher liegt. Das muß man ausprobieren. Insgesamt arbeiten wir auf diese Weise mit der einen Stange zwei, drei Wochen und fangen erst dann mit dem eigentlichen Springtraining an. Wir kommen auch im Laufe der Saison regelmäßig auf diese Übung zurück, eben weil wir dabei an so vielen Dingen gleichzeitig arbeiten können.

Linke Seite: Die Stange liegt jetzt nicht mehr als Bodenrick zwischen zwei Blöcken, sondern auf einem einzigen Block. »Spooky« nimmt sie nicht nur ernst, er hat auch sichtlich Spaß an seiner Arbeit.

▶ Springen über Hindernisse

Auch beim Springtraining achte ich durch die Arbeit mit Andrew verstärkt auf den Rhythmus. Um immer im Galopp bleiben zu können, stellen wir die Sprünge beispielsweise im rechten Winkel zueinander. Meistens bauen wir vier Sprünge auf, auf jeder der beiden Diagonalen einen Oxer und einen Steilsprung. (Skizze 1, siehe Anhang). Aber zwei Hindernisse tun es auch. Wichtig ist, daß mein Pferd im Galopp bleiben kann und ich immer wieder die Hand wechsele.

DIE GYMNASTIKREIHE

Wenn sich die Pferde über einzelne Sprünge nach der Winterpause wieder ans rhythmische Springen gewöhnt haben, bauen wir Gymnastikreihen auf, um die Reflexe des Pferdes zu schulen, es zu einem schnelleren Vorderbein zu erziehen und gleichzeitig seine Schnellkraft und die Muskulatur der Hinterhand zu verbessern.

Für die Gymnastikreihen benutzen wir wieder unsere Blöcke. Manchmal legen wir zwischen den Sprüngen eine Rhythmusstange flach auf die Erde, um die Pferde dazu zu bringen, auf den Boden zu gucken und an ihre Reflexe zu denken.

Eine Reihe sieht dann zum Beispiel so aus: Steilsprung, Rhythmusstange, Steilsprung oder Oxer. Gymnastikarbeit machen wir über In-and-Outs.

Um einem jungen Pferd zunächst das Prinzip zu vermitteln, legen wir alle Stangen in der jeweiligen Distanz zwischen den Hindernisständern auf die Erde. Auf diese Weise lernt es den Rhythmus der Übung, ohne die Übersicht durch zu viele Sprünge zu verlieren. Es bekommt keine Angst, wenn es seinen Rhythmus verliert oder noch nicht halten kann. So verfahren wir sowohl bei den Reihen als auch bei den In-and-Out-Reihen. Erst wenn das Pferd begriffen hat, worum es mir geht, baue ich die Reihe als niedrige Sprungfolge auf.

Sowohl die In-and-Out-Reihen als auch die in Skizze 2 (siehe Anhang) beschriebene Folge lassen sich je nach Größe des Reitplatzes beliebig verlängern oder auch kombinieren.

Diese Reihen bieten unglaublich viele Variationsmöglichkei-

ten. Ich habe meine kleinen In-and-Outs und kann auf gebogener Linie nach links einen Oxer aufbauen, nach rechts einen Steilsprung. Dadurch kann ich gleichzeitig an den Reflexen und am Rhythmus des Pferdes arbeiten. Gymnastikreihen benutzen wir übrigens nicht nur in der Winterarbeit. Wir kommen auch in der Saison darauf zurück, weil sich mit ihnen sehr gut an bestimmten Problemen arbeiten läßt:

- an einem langsamen Vorderbein
- einem festen Rücken
- mangelnder Dehnung überm Sprung.

All das wirkt sich übrigens auch positiv auf die Dressur aus, denn ein Pferd, daß sich überm Sprung im Rücken festhält, ist auch im Viereck oft etwas verkrampft und verspannt.

Man darf die Sprünge einer Gymnastikreihe nicht zu hoch bauen. Solch eine Reihe erfordert nämlich sehr viel Kraft und sehr viel Konzentration vom Pferd. Und wenn man das Ganze zu hoch macht, so meine Erfahrung, kann sich das Pferd schon mal erschrecken oder überanstrengen. Für das Training von hohen, weiten Sprüngen sind einzelne Hindernisse besser geeignet. Das Reiten von Distanzen bereitet die Pferde auch darauf vor, später im Gelände über schmale Sprünge zu springen. Dabei benutzen wir wieder die Blöcke. Zunächst liegen sie drei bis vier Meter auseinander, später verkürzen wir die Distanz bis zu einem Galoppsprung. Wieder geht es darum, Reiter und Pferd zu schulen.

KURZE STANGEN = HOHE KONZENTRATION

Treffen beide die Sprünge genau, erschweren wir die Aufgabe und benutzen kürzere Stangen, die ein noch korrekteres Anreiten erfordern. Bei jungen

Pferden sind die kürzesten Stangen, die wir benutzen, zwei Meter lang.

Haben Reiter und Pferd grundsätzliche Probleme mit dem Block, gelingt es ihnen nicht, den Block mit der Stange darauf gerade anzureiten, gehen wir einen Schritt zurück. Wir legen dann den Block auf das niedrigste Niveau, die schmale Stange oben drauf und lassen das Pferd im Trab über den Block springen, damit es lernt, dieses sehr schmale Etwas zu akzeptieren.

TEMPO ZURÜCKNEHMEN

Es ist einfacher für den Reiter, sein Pferd in einem langsamen Tempo unter Kontrolle zu behalten. Darum ist es so erstaunlich, was man im Gelände immer wieder sieht: daß ein Reiter zum Beispiel eine Ecke in hohem Tempo anreitet. Wahrscheinlich denkt er: Je schneller ich reite, desto geringer ist die Gefahr, daß das Pferd stehenbleibt. Aber vor einer Ecke bleibt ein Pferd selten stehen. An ihr läuft es eher vorbei. Und das kann ich verhindern, wenn ich das Tempo etwas zurücknehme, den Galopp aber weiter kraftvoll halte, weil ich das Pferd dann besser unter Kontrolle habe.

Geht mein Pferd im Trab über den niedrigen Block, mache ich das gleiche im Galopp. Erst wenn auch das gut funktioniert, stelle ich den Block auf die nächste Höhe und lege eine schmale Stange darauf.

Die nächste Übung ist dann der Block auf dem höchsten Niveau mit einer Stange.

Hat mein Pferd auch das akzeptiert und gemeistert, lege ich die Stange als Grundlinie vor den Block, bevor ich sie ganz entferne und nur noch über den Block springe

Hier steht der Block auf höchstem Niveau, die Stange noch obendrauf. Im nächsten Schritt wird sie ganz entfernt.

Beim Anreiten halte ich mit dem Gesäß Kontakt zum Sattel. Die Verbindung zum Pferdemaul gebe ich auch überm Sprung nicht auf.

Das mache ich erst in der Halle, dann vielleicht auf einem Reitplatz im Freien, und zuletzt stelle ich den Block mitten auf eine Wiese. Mich beeindruckt es immer noch sehr, wenn ich einen Reiter beobachte, der mit seinem Pferd über einen einsamen Block auf einer freien Wiese springt .

Ich weiß aber inzwischen, daß jeder Reiter und jedes Pferd das lernen kann, vorausgesetzt, man befolgt das eben beschriebene System, fängt ganz klein und vorsichtig an und läßt sich Zeit.

SPRUNGFOLGEN, KOMBINATIONEN

Bei Sprüngen in einer Folge ist es ganz wichtig, daß der Reiter den zweiten Sprung im Hinterkopf hat. Er sollte aber immer erst das erste Element fixieren und sich dann im Absprung auf das nächste Hindernis konzentrieren. Dabei wird also wieder das gebraucht, was ich schon beim Galoppieren über eine ganz niedrige Stange angesprochen habe: das frühe Fixieren des Punktes, an dem ich als Reiter den Sprung überwinden will. Das kommt mir später auch bei den schmalen, technischen Sprüngen im Gelände zugute, bei Ecken, Adlerschwingen oder versetzten Hindernissen.

DER ERSTE SPRUNG EINER FOLGE

Ich muß eine Sprungfolge im Gelände, aber auch im Parcours zerlegen und von Sprung zu Sprung angehen. Mir fällt immer wieder auf, daß Reiter sich auf den zweiten Sprung einer Hindernisfolge konzentrieren und der erste zum Problem wird. Damit das nicht passiert, ist es ganz

Linke Seite: Nach vorbereitenden Übungen ist auch der Block ohne Stange kein Problem.

Auch ich habe es gelernt! Manchmal stelle ich zwei Blöcke aufeinander.

Andrew zeigt, wie es geht.

wichtig, sich zunächst auf den ersten Sprung einer schwierigen Sprungfolge zu konzentrieren.

Habe ich den ersten Sprung getroffen und überwunden, »passieren« der zweite, dritte, vierte quasi fast von alleine.

Dem Experimentieren mit den Blöcken sind kaum Grenzen gesetzt. Vor einer schweren Prüfung kann man zum Beispiel auch mal zwei Blöcke übereinander stellen oder sich größere Tonnen suchen, um höhere, schmale Sprünge zu üben. Wir haben das vor der Europameisterschaft in Burghley gemacht und die sehr schmalen Triplebarre-Hecken nachgebaut. Wie in Burghley haben wir sie auf eine gebogene Linie mit einer Distanz von drei Galoppsprüngen gestellt. Wir haben dann die Distanz auf sieben, acht Sprünge erhöht und sie dann gar nicht mehr ausgemessen, sondern die Blöcke 30 bis 40 Meter auseinander gestellt und sie unterschiedlich angeritten, mal gerade, mal schräg. Dadurch zwingt sich der Reiter, seinen Rhythmus zu halten und einen sehr schmalen Sprung konzentriert anzureiten, mal langsamer, mal schneller.

Auch auf sehr schmale Sprünge kann man sich zu Hause vorbereiten, wie Andrew und Buckley Province hier sehr schön zeigen.

GALOPPSPRÜNGE ZÄHLEN

Wenn ein Reiter bei diesen Übungen merkt, daß er Probleme hat, seinen Rhythmus zu halten, während er auf ein Hindernis zugaloppiert, rate ich ihm, die Galoppsprünge zu zählen. Das hat Andrew mich machen lassen. Und ich gebe ehrlich zu, daß mir das am Anfang große Schwierigkeiten gemacht hat. Es widerstrebte mir auch, weil ich dachte: Du hast zwei Olympische Spiele hinter dir und mehrere Championate und sollst jetzt wieder deine Galoppsprünge zählen?

Aber ich habe bald gemerkt, daß ich mich durch das Zählen zwinge, den Rhythmus zu halten, nicht zuviel auf das Pferd einzuwirken und nicht rückwärtszureiten. Wenn ich bei einer Prüfung im Gelände rückwärtsreite, verliere ich mindestens eine Sekunde an jedem Sprung, und das kann wertvolle Punkte kosten.

Das Zählen beginnt im Prinzip schon beim rhythmischen Galoppieren über die am Boden liegende Stange.

KONTAKT ZUM SATTEL

Für mich ist es dabei wichtig, daß ich mit meinem Gesäß einen leichten Kontakt zum Sattel habe. Dadurch fühle ich, was unter mir passiert. Das fühle ich auch im leichten Sitz, aber nicht so gut und so deutlich. Habe ich einen leichten Kontakt zum Sattel, merke ich, ob das Pferd fleißig von hinten mitgaloppiert, ob sein Motor arbeitet.

Bis ich zu Andrew nach England kam, habe ich mich beim Anreiten eines Sprungs immer auf mein Auge verlassen. Immer. Automatisch würde ich das auch heute noch so machen, und sobald ich meine Distanz nicht sehe, mein Pferd aufnehmen, das Tempo verlangsamen, um mehr Zeit zu haben, die Distanz zu sehen.

DIE DISTANZ FÜHLEN

Durch das rhythmische Galoppieren in der Achterfigur über eine Stange habe ich aber mit der Zeit im Gesäß ein Gefühl für den Rhythmus entwickelt, das mich in die Lage versetzt, die Distanz eher zu fühlen als zu sehen. Das ist theoretisch sehr schwer zu erklären und zu begreifen. Und es erfordert am Anfang auch eine Menge Selbstvertrauen, den Rhythmus wirklich zu halten und nicht zuviel mit der Hand einzuwirken.

Darum ist es wichtig, das über niedrige Sprünge und am Anfang auch nur über abwerfbare Hindernisse zu üben, die ich aus einem recht langsamen Tempo überwinden kann. Dann kann, wenn ich wirklich einmal nicht richtig hinkomme, nichts oder nur sehr wenig passieren.

Fühle ich mich dabei sicher, ist das relativ gefestigt, erhöhe ich Schritt für Schritt die Sprünge und das Tempo, von einem ruhigen über ein schnelleres Parcourstempo zum Geländetempo. Und erst wenn ich mich dabei sicher fühle, komme ich auch zu festen Hindernissen. Das dauert aber seine Zeit. Und darum rate ich, in der Winterarbeit damit anzufangen, damit bis zur ersten Prüfung Zeit genug bleibt.

Als ich in Deutschland lebte, habe ich wie viele norddeutsche Reiter oft das Turnier in Hannover als Einstieg in die Saison gewählt. Auch mit meinen S-Pferden. Hannover ist eine L-Prüfung, die es den Pferden ermöglicht, langsam wieder in Gang zu kommen. Und ich selbst kann dabei überprüfen, ob ich das, was ich über einzelne Sprünge geübt habe, auch ins Gelände übertragen kann.

In der ersten Prüfung würde ich jüngere, unerfahrene Pferde nicht zu schnell reiten, weil sie doch immer ein bißchen gucken. Ich sage das aus eigener Erfahrung. Im Frühjahr 1998 habe ich mit Unsung Hero den Fehler gemacht zu glauben, er mache da weiter, wo wir im Vorjahr aufgehört hatten, und bin zu flott losgeritten. Nach einigen nicht sehr schönen Sprüngen unterwegs lagen wir dann am letzten Sprung auf der Nase, weil ich in Gedanken auf einem erfahrenen Pferd saß und viel zu groß losgeritten war - völlig unnötig und ein reiner Reiterfehler. Ich habe mich damit getröstet, daß sich selbst Top-Jockeys wie Mark Todd, Blyth Tait, Andrew Nicholson oder Andrew Hoy auf jungen Pferden mal vertun, schlechte Sprünge haben oder auf die Nase fallen.

NACH VORNE AUSGLEICHEN

Meinen Rhythmus und meine Distanz zu fühlen heißt nicht, daß ich immer in dem gleichen Tempo bleibe. Aber wenn ich dieses Gefühl durch viel Üben geschult habe, merke ich früher, ob ich den Rhythmus halten kann und eine ideale Distanz

»DU FÜHLST DIE RICHTIGE DISTANZ«

Andrew sagt: »Du fühlst die richtige Distanz, bevor du sie siehst.« Das war für mich am Anfang sehr schwer zu verstehen. Darum hat er mich wieder zählen lassen, 17 Sprünge oder so vor dem Sprung, um sicherzustellen, daß ich meinen Rhythmus halte. Denn ich habe unbewußt meinen Rhythmus vor dem Sprung verändert, um meine Distanz zu sehen, anstatt den Rhythmus zu halten und den Sprung auf mich zukommen zu lassen. Auch bei Papi mußte ich früher zählen, allerdings innerhalb von Distanzen. Daran habe ich mich in der Arbeit mit Andrew dann erinnert.

Nicht immer mit der Hand einzugreifen, wenn du meinst, daß du etwas machen mußt, ist mir am Anfang in England sehr schwer gefallen. Der Sprung kommt näher und näher, und du denkst, daß du irgend etwas tun mußt. Mußt du aber gar nicht unbedingt. Denn Andrew hat recht: Du fühlst die Distanz, bevor du sie siehst, vorausgesetzt, du hast mit dem Gesäß leichten Kontakt zum Sattel, reitest also nicht ständig im leichten Sitz.

Du bist dann auch automatisch schneller im Gelände, ohne schneller zu reiten. Wenn du vor dem Sprung ziehst und dadurch den Rhythmus des Pferdes störst, verlierst du Zeit. Wenn du den Rhythmus hältst, gewinnst du etwa eine Sekunde am Sprung, bist also eine halbe Minute oder so schneller, ohne extrem Gas zu geben und das Pferd aufzubrauchen.

Rhythmisches Reiten muß man lernen. Und damit hatte ich anfangs Probleme. Schließlich hatte ich schon an zwei Weltmeisterschaften und zwei Olympischen Spielen teilgenommen. Und nun sollte ich wieder zählen. Mein Kopf wollte nicht verarbeiten, daß man anders reiten kann im Gelände. Und ich muß da auch immer noch dran bleiben. Während es Andrew in Fleisch und Blut übergegangen ist, muß ich immer mal zwischendurch wieder zählen. Und komme dann tatsächlich fast immer in eine gute Distanz. Das ist das Witzige an der Sache.

bekomme oder ob ich nach vorne ausgleichen muß, damit die Distanz am Sprung stimmt.

Ich bin ziemlich sicher, daß ich darum 1997 im Gelände wesentlich schneller reiten konnte, ohne mein Pferd mehr aufzubrauchen. Natürlich bin ich auch zwischen den Sprüngen schneller geritten, vor allem in Burghley. Aber ich habe auch weniger Zeit an den Sprüngen verloren. Und wenn ich weniger Zeit an den Sprüngen verliere, brauche ich zwischendurch gar nicht so schnell zu reiten.

Ich schone also mein Pferd, weil ich mit seinen Kräften und seiner Fitneß haushalte. Aber auch auf meine eigenen Kräfte wirkt sich das positiv aus. So ein Ritt sieht nicht nur viel rhythmischer aus, sondern er kostet beide auch wesentlich weniger Kraft.

Wenn ich rückwärts, rückwärts, rückwärts reite, unterbreche ich nicht nur den Galopprhythmus des Pferdes, sondern auch seinen Atemrhythmus. Während ich »ziehe«, werden nicht nur seine Galoppsprünge kürzer, es fängt auch automatisch an, kurz zu atmen, und braucht nach dem Sprung mindestens 150 Meter, um seinen Galopp- und seinen Atemrhythmus wiederzufinden.

TECHNISCHE SPRÜNGE – ECKEN

Mit den Blöcken bauen wir uns auch Ecken auf. Ich kann nicht begreifen, daß immer noch viele Reiter zum ersten Mal in ihrem Leben in einer Prüfung über eine Ecke springen. Selbst wer keine Blöcke hat, kann sich mit einfachsten Mitteln zu Hause Ecken aufbauen. Das geht auch mit Strohballen, Ständern und Stangen. Dadurch ist die Ecke abwerfbar und nimmt Reiter und Pferd am Anfang den Streß.

Ich fange vielleicht mit einer oxerähnlichen, sehr niedrigen Ecke an und ziehe nach und nach die hinteren Ständer weiter auseinander. Das wiederhole ich so lange, bis ich die Ecke sicher treffe. Dann steigere ich die Schwierigkeit und baue eine zweite Ecke dazu, die immer noch abwerfbar ist, und reite die Doppelecke auf gerader und auf gebogener Linie an.

Auf diese Weise kann ich ohne großen Aufwand einen großen Teil der technischen Geländehindernisse zu Hause üben. Im Idealfall benutze ich keine bunten, sondern Naturstangen, die zusammen mit einem Strohballen einem Geländehindernis sehr nahe kommen.

PLASTIKPLANEN ALS GRÄBEN

In der Winter- und Frühjahrsarbeit machen wir mit unseren jüngeren, aber auch mit den älteren Pferden Grabentraining, ohne einen Graben zu haben. Wie das geht? Dazu nehmen wir eine Plastikplane – das kann ein Müllsack sein, ein alter Teppich tut es auch – und zwei Latten, die im Idealfall vier Meter lang sind, und tackern die Plane oder den Teppich mit einem Hefter an die beiden Latten. Ausgerollt mißt der »Graben« Marke Eigenbau so etwa zwei mal vier Meter. Optisch ist ein Graben im Gelände für das Pferd nicht mehr als ein Loch. Und wenn ich eine schwarze Plastikplane nehme, habe ich einen ganz ähnlichen Effekt. So kann ich dem Pferd den Streß nehmen, über etwas zu springen, das wie ein Loch aussieht. Und wenn es aus Unerfahrenheit mal hineintritt, kann nichts passieren, denn die Plane liegt auf dem Boden. Die Pferde bekommen also keine Angst.

Am Anfang rollen wir unseren Graben auf. Er sieht dann aus wie eine Stange mit der Plane oder dem Teppich darum herum. Über diese am Boden liegende Stange lasse ich einen unerfahrenen Reiter oder auch ein junges, unerfahrenes Pferd zunächst im Schritt treten, dann im Trab, dann im Galopp. Dann rolle ich das Ganze etwas auseinander, auf zehn, zwanzig und dreißig Zentimeter, und reite wieder im Schritt, Trab und Galopp von allen Seiten darüber. Dann wird es irgendwann zu breit für den Schritt, also trabe und galoppiere ich nur noch über den »Graben«. Breiter als 1,50 Meter machen wir ihn selten.

Wir machen aus dem Graben

Aus unserer selbstgebauten Ecke wird eine Adlerschwinge einfach dadurch, daß wir sie in einem anderen Winkel anreiten.

Linke Seite: Zur Abwechslung haben wir hier eine Ecke aus einer Tonne, zwei Stangen und Ständern gebaut. So hoch, wie ich auf dem ersten Bild aufstehe, sollte man eigentlich nicht aus dem Sattel kommen. Aber auf einem jungen Pferd kann das schon mal passieren.

auch mal einen Sprung, stellen unsere Blöcke hinein, legen eine Stange oben drauf, und fertig ist ein überbauter Graben.

Auch im Parcours kommen Plastikgräben oft vor. Und mit einfachsten Mitteln kann ich mein Pferd zu Hause darauf vorbereiten, muß mir dazu keinen teuren Graben anzuschaffen, sondern brauche nur ein bißchen handwerkliches Geschick und ein paar Ideen.

DAS COFFIN

Mit einer Plane läßt sich auch ein Coffin nachbauen.

Dazu nehme ich normale Stangen und Blöcke, habe den Graben in der Mitte, baue davor und dahinter je einen Sprung auf und habe ein Coffin oder, wenn ich mich auf den Parcours beziehe, ein Pulvermanns Grab.

Wir haben in der Winter- und Frühjahrsarbeit Plastikplanen auch benutzt, um mit ihnen Sprünge optisch zu verändern. Statt einer Plastikplane kann ich auch eine Decke nehmen. Die lege ich erst neben den Sprung, damit sich das Pferd an den Anblick gewöhnt, dann ziehe ich sie näher heran und lege sie später über die Stange.

DIE PHANTASIE SPIELEN LASSEN

Wenn ich das noch einmal zusammenfasse, kann ich nur jedem raten, seiner Phantasie freien Lauf zu lassen. Mit den einfachen Mitteln, die ich beschrieben habe, kann ich die meisten Schwierigkeiten zu Hause vorwegnehmen: die technischen Sprünge wie Ecken und Adlerschwingen, aber auch Gräben oder Coffins. Das alles kann ich in der Halle, auf einem Platz oder auch auf einer großen Wiese machen. Und wenn ich kurze Stangen habe, kann ich die Schwierigkeit mit ihnen erhöhen. Was bleibt, sind Wassersprünge und Treppen.

PARCOURSSPRINGEN

Wir bereiten unsere Pferde zu Hause nicht nur auf die Geländehindernisse vor, sondern auch auf den Parcours. Dazu springen wir Kombinationen, bauen uns schwierige Distanzen auf der Wiese auf. Aber ich merke immer wieder, daß die Arbeit mit den Blöcken und das rhythmische, geländemäßige Reiten mir auch für das Parcoursspringen sehr viel geholfen hat. Haben wir ein Pferd, das nicht die

Der mit einfachsten Mitteln selbst gebaute »Graben« wird von den Pferden wie ein richtiger akzeptiert.

Ein Coffin gefällig? Auch das läßt sich ohne große Mühe auf einer Wiese aufbauen.

beste Technik überm Sprung hat, nicht den besten Ablauf, legen wir zwei Stangen in V-Form, mit der Spitze zum Hindernis, auf die Erde vor einen Steilsprung (Skizze 8 siehe Anhang). Dadurch kommt das Pferd durch eine Art Schneise auf den Sprung zu. Es wird dazu angehalten, auf den Boden zu sehen und sich stärker auf den Sprung zu konzentrieren. Es gibt viele Pferde, die nach rechts oder nach links tendieren. Die Schneise hilft Reiter und Pferd, den Sprung gerade und in der Mitte anzureiten.

Später legen wir das V mit der Spitze auf die Stange, aber so, daß es nicht übersteht, damit sich das Pferd nicht verletzen kann.

SPRINGEN – MÖGLICHST NICHT ALLEINE

Wenn wir springen, sind wir grundsätzlich zu zweit: Einer reitet, der andere schaut vom Boden aus zu und gibt seine Beobachtungen weiter, korrigiert den Sitz und sagt auch etwas zum Pferd.

Auf einem Pferd mit einem großen Galoppsprung habe ich als Reiter manchmal das Gefühl, ich sei sehr dicht dran am Sprung, bin es aber gar nicht. Ich brauche also einen guten Beobachter. Wenn jemand unten steht, kann ich als Reiter mich völlig auf meine Hilfen konzentrieren und auf meinen Sitz, daß beispielsweise mein Unterschenkel nicht wegrutscht. Und ich kann mein Pferd korrigieren, denn ich merke im Sattel nicht unbedingt, wie zum Beispiel die Vorderbeine überm Sprung reagieren.

Das Geländetraining

In den Winter- und Frühjahrsmonaten haben wir die Pferde auf das eigentliche Geländetraining vorbereitet. Dazu diente die Galopparbeit in Achterfiguren erst ohne, dann mit Stangen ebenso wie die Gymnastikreihen, das schräge Anreiten der Sprünge, das Springen über selbstgebaute Ecken und kleine Gräben.

Das Parcoursspringen über bunte Hindernisse war die letzte Vorbereitung. Danach kann das Geländetraining oder das *Cross Country Schooling*, wie die Engländer sagen, beginnen.

UMGEFALLENE BÄUME – FÜR DEN ANFANG GUT GENUG

Andrew und ich haben in Gatcombe Park keinen Geländeparcours, auf dem wir trainieren könnten. Wie das? mag mancher fragen, der weiß, daß in jedem Jahr zwei Turniere in Gatcombe Park stattfinden. Beide Strecken sind außerhalb der Veranstaltungen sozusagen geschlossen. Würden wir dort ständig trainieren, würde der Boden zu sehr leiden. Er muß ohnehin das ganze Jahr über gepflegt werden.

Uns stehen aber einige sehr kleine, leichte Sprünge im Gelände zur Verfügung: auf der Erde liegende Bäume und kleine, niedrige Oxer. Diese Hindernisse befinden sich in einer Reihe hintereinander. Die Distanz beträgt jeweils mehrere Galoppsprünge.

Sobald es das Wetter zuläßt, gehen wir mit unseren älteren Pferden, aber auch mit den jungen nach draußen und lassen sie über diese festen Hindernisse springen. Auch wenn sie sehr niedrig sind, unterscheiden sie sich doch vor allem optisch von den abwerfbaren bunten Sprüngen, über die wir zuvor gesprungen sind.

Wir lösen die Pferde mit vielen Übergängen, erst zwischen Schritt und Trab, dann zwischen Trab und Galopp. Sind die Pferde locker und ihre Muskeln warm, reiten wir die Naturhindernisse an. Das machen wir niemals im Trab, sondern immer im Galopp, der möglichst ruhig und rhythmisch sein sollte.

Die Höhe ist nicht das Problem, sie liegt unter E-Niveau. Neu ist für die jungen Pferde der optische Eindruck der Naturhindernisse. Sie sollen sich bei dieser Übung daran gewöhnen, daß alles etwas massiver aussieht und eben nicht bunt ist und daß keine Stange fällt. Für die erfahrenen Pferde ist es eine gute Möglichkeit, Erinnerungen aufzufrischen.

AB INS ÜBUNGSGELÄNDE

Haben wir das ein-, zwei- oder dreimal gemacht, je nachdem wie gut es geht, verladen wir die Pferde und fahren zu einem Übungsgelände mit reellen Geländesprüngen. Sehr gut geeignet ist Firn Farm mit einem Kurs, der zwischen E- und A-Niveau liegt. Auch unsere älteren Pferde lassen wir am Anfang gerne dort gehen. Oft sind selbst die »alten Hasen« beim ersten Mal sehr aufgeregt, weil alles ganz anders aussieht als zu Hause, wo sie die letzten Monate verbracht haben.

IM SCHRITT ÜBER TREPPEN

Nach dem Lösen im Trab und Galopp, bei dem sie Gelegenheit haben, sich alles anzusehen und Dampf abzulassen, entscheiden wir uns oft für eine Art Billard als erstes Hindernis. Über zwei kleine, etwa 30 bis 40 Zentimeter hohe Stufen geht es nach oben. Auf der anderen Seite müssen die Pferde dann aus 60 bis 80 Zentimetern Höhe nach unten springen.

Die jungen Pferde lassen wir im Schritt die Stufen hochklettern, um ihnen Zeit zu geben, sich auf das für sie neue Hindernis zu konzentrieren. Auch nach unten lassen wir sie im

Um zunächst das Pferd dazu zu bringen, sich in der fremden Umgebung wieder auf den Reiter zu konzentrieren, reitet Andrew einige kleine Stufen auf und ab. Ein Stolpern macht dem Pferd sehr schnell klar, daß es mehr auf die Hilfen des Reiters achten muß.

Schritt gehen. Wir wollen nicht, daß das Pferd springt. Es soll sich vielmehr ganz auf den Reiter konzentrieren, das tun, was er von ihm verlangt. Und es soll auf das Hindernis aufpassen, nicht in der Gegend herumgucken, sondern auf den Boden schauen, damit es nicht gegen die Stufen poltert.

ANSTOSSEN ERZIEHT

Tritt es doch dagegen, weil es am Anfang noch nicht ganz bei der Sache ist, macht das nichts. Im Gegenteil, das hat sogar einen erwünschten erzieherischen Effekt, denn das Pferd merkt: Da fällt nichts um, das Hindernis bleibt stehen, also muß ich beim nächsten Mal besser aufpassen und meine Beine höher heben. Passieren kann nicht viel. Der Rhythmus wird gestört, das Pferd erschreckt sich vielleicht etwas und zieht seine Lehre daraus.

Erst wenn es die Übung im Schritt konzentriert absolviert, trabe ich an und trabe die Stufen hinauf und hinunter. Geht auch das gut und das Pferd hat verstanden, was ich von ihm will, galoppiere ich an.

EINZELNE STEILSPRÜNGE

Habe ich die Aufmerksamkeit des Pferdes am Billard geweckt, lasse ich es über feste Steilsprünge springen. Sie sind nicht hoch, haben aber eine sehr breite Vorderfront. Darum sind sie hervorragend geeignet für junge Pferde, mit denen es auch für erfahrene Reiter am Anfang im Gelände oft schwer ist, einen Sprung gerade anzureiten. Da ist es gut, wenn man eine Stange von fünf, sechs Metern Länge hat, die man auch mit einem von links nach rechts schwankenden Pferd immer noch trifft. Diese 70 bis 80 Zentimeter hohen Sprünge reiten wir einige Male von beiden Seiten an.

DIE ERSTE KLEINE RUNDE

Wenn auch das gut geht, springe ich zum Abschluß der ersten Übungseinheit noch eine kleine Runde mit Steilsprüngen, vielleicht mit einem kleinen Oxer und einer kleinen Hecke dazwischen, vor allem aber mit Hindernissen, die denen in einem Springparcours ähneln.

Reelle Geländehindernisse stehen am ersten Übungstag noch nicht auf dem Programm. Es geht zuerst vor allem darum, daß die Pferde lernen, aufzupassen und ihren Rhythmus zu halten. Ein gleichmäßiger Rhythmus ist auch beim Geländetraining wichtig. Ist mein Pferd während der ersten Runde noch sehr guckig gewesen, lasse ich eine zweite, vielleicht sogar noch eine dritte folgen.

KLEIN UND GEBAUT – DER ERSTE GRABEN

Dann bekommt das Pferd eine Pause, in der ich zu dem Teil des Platzes reite, auf dem es kleine Gräben gibt. Sie sind höchstens 50 Zentimeter breit und sehr sorgfältig gebaut, das heißt, sie haben einen Balken als Absprunghilfe und auch eine klar zu erkennende Landestelle. Der Balken vorne verhindert, daß das Pferd in den Graben rutscht, weil es in das Loch guckt und seine Vorderbeine ausfährt oder weil ich nicht gleich mit meiner Hilfe durchkomme, wenn ich es anhalten will.

Am Anfang ist es sehr hilfreich, wenn der Graben klar zu erkennen ist, damit die Pferde genau wissen, was sie machen sollen. Oft reite ich den Graben zuerst aus dem Trab an, um dem Pferd Zeit zu geben, sich die Sache anzusehen.

Linke Seite von oben:
Kleine Steilsprünge oder auch Hecken sind zum Lösen aus dem Galopp ganz gut geeignet, bevor man optisch schwierigere Hindernisse springt.

Eine etwas steilere und höhere Mauer erfordert genaues Hinsehen und konzentriertes Anreiten.

Sprünge mit einem Dach über dem Kopf sind optisch sehr schwierig für Pferde. Sie neigen dazu, den Kopf einzuziehen und flach über den Sprung zu springen, da sie offensichtlich nicht einschätzen können, wie tief das Dach ist.
Man sollte ein paarmal im Schritt unter dem Dach herreiten, bevor man zum ersten Mal springt.

Unten: Zunächst sollte man nach den Vorübungen im Springtraining auch draußen beim Geländetraining nur ganz schmale und nicht zu tiefe Gräben springen, um wirklich erst das Vertrauen über diese Art von Hindernis aufzubauen.

HERDENTRIEB HILFT

Sitze ich auf einem Pferd, von dem ich annehme, daß es Probleme am Graben hat, weil es sich zu Hause schon schwertat oder weil es stark guckt, lasse ich es die ersten Male hinter einem Führpferd springen. Das heißt, ich nutze den Herdentrieb aus, um von vorneherein schlechte Erfahrungen möglichst auszuschließen. Hat der Problemkandidat den Graben auf diese Weise von beiden Seiten ein paarmal überwunden, bleibt das Führpferd weg, und er springt alleine über den Graben.

Es empfiehlt sich, lange bei diesen klar erkennbaren, schmalen, gebauten Gräben zu bleiben, weil es vor allem auf den Effekt ankommt. Springt das Pferd über einen 50 Zentimeter breiten Graben sicher und ohne Probleme, machen ihm später auch wesentlich breitere Gräben von zwei oder drei Metern keine Schwierigkeiten. Darum soll es am Anfang nur lernen, daß es immer auf die andere Seite kommt. Das gibt das Selbstvertrauen, mit dem es später auch brenzlige Situationen meistert.

SCHLECHTE ERFAHRUNGEN VERMEIDEN

Ich glaube, daß gerade beim ersten Grabentraining oft Fehler gemacht werden. Das mag daran liegen, daß viele Reiter in ihrer Nähe keine gebauten Übungsgräben haben. Wo das so ist, sollte man danach suchen und auch weitere Anfahrtswege in Kauf nehmen. Das ist in jedem Fall besser, als zu früh über zu breite Gräben zu springen und zu riskieren, daß das Pferd schlechte Erfahrungen macht. Je nachdem wie oft und wie stark es sich erschreckt, kann dieses Erlebnis sehr lange nachwirken. Manche Pferde behalten ihr Leben lang ein Grabenproblem.

Hat mein Pferd über einen einzelnen kleinen, schmalen Graben die nötige Sicherheit gewonnen, kann ich ihm eine Sprungfolge mit Graben zumuten. Allerdings sollten die Hindernisse zunächst nicht direkt miteinander verbunden sein. Die Distanz beträgt zunächst mehrere Galoppsprünge. Erst wenn das gut geklappt hat, springe ich einen Graben in direkter Kombination mit einem Steilsprung davor, später dann mit einem Steilsprung davor und dahinter, wobei die Distanz ein bis drei Galoppsprünge beträgt.

Erst wenn mein Pferd all das sicher überwindet, ist es reif für einen überbauten Graben oder einen Graben mit einem Steilsprung, der möglichst an der hinteren Grabenkante stehen sollte.

ZICKZACK-GRÄBEN

In manchen Prüfungen sind Zickzackgräben zu überwinden. Darum bereite ich mein Pferd auch darauf vor und beginne wieder mit dem kleinen, schmalen Graben, den ich schräg von allen möglichen Seiten anreite.

WASSER – MIT FÜHRPFERD KEIN PROBLEM

Schritt für Schritt hat mein junges Pferd jetzt fast alle Geländehindernisse kennengelernt. Was bleibt, ist das Wasser. Und damit sind wir bei dem Hindernis, das den meisten Reitern wohl die größten Kopfschmerzen bereitet. Das ist allerdings völlig unnötig, vorausgesetzt, ich stelle es von Anfang an richtig an.

Wenn ich mit einem jungen Pferd zum ersten Mal Wasser übe, reite ich einige Male hinter einem Führpferd im Schritt hinein, und zwar so lange, bis ich keinen besonderen Druck mehr ausüben muß.

Dann bleibt das Führpferd weg, und mein junges Pferd geht alleine im Schritt ins Wasser und an der anderen Seite wieder hinaus. Macht es auch das selbstverständlich, trabe ich an.

Der Reiter sollte von Anfang an, also schon im Schritt, darauf achten, daß er mit seiner Hand eine gleichbleibende Verbindung zum Pferdemaul hält, um dem Pferd Sicherheit zu geben.

WASSER MIT KANTE

Wenn irgend möglich suche ich mir ein Wasser mit einer kleinen Kante 20 bis 30 Zentimeter über dem Wasserspiegel, trabe einige Tritte im Wasser, pariere durch zum Schritt und reite über die Kante aus dem Wasser heraus. Dann drehe ich um und reite

Unten links: Captain Pineapple und Andrew gehen zur Gewöhnung langsam im Schritt ins Wasser.

Unten: Andrew läßt Captain Pineapple im Schritt eine kleine Kante hochklettern. Auf diese Weise lernt das Pferd, auch beim Hinausreiten auf den Boden zu sehen und nicht hinauszustürmen.

beschrieben, das Geländetraining mit dem kleinen Billard begonnen und mich vorher lange genug im Wasser bewegt habe, wird mein Pferd keine Probleme damit haben. Es hat nämlich gelernt, daß das Wasser zwar naß ist und sich bewegt, daß ihm aber nichts passiert.

Ganz wichtig ist es, für die ersten Übungen ein nicht zu tiefes Wasser zu finden. In einem tiefen Wasser verliert das Pferd leicht die Balance und bekommt Angst. Es geht aber zuerst wie bei den Gräben um den Effekt. Und dafür ist die Wassertiefe nicht entscheidend. Außerdem achte ich darauf, daß der Boden vor, im und hinter dem Wasser in Ordnung ist, möglichst nicht matschig, sondern fest, damit das Pferd Halt findet.

Auch beim Wasser mache ich es wie zuvor bei den Gräben und beim Billard: Hat das Pferd im Schritt gelernt, daß ihm nichts passiert, mache ich die Übung im Trab und dann im Galopp. Ist es auch im Galopp sicher, verändere ich den Wassereinsprung und stelle möglichst viel von dem nach, was mich in Prüfungen erwarten kann. Ich springe über einen Baumstamm ins Wasser oder baue zwei, drei Galoppsprünge vorher einen Steilsprung auf.

In den ersten Prüfungen werden die

Wasser – für Unsung Hero kein Problem, wie man hier sieht. Er hat gelernt, daß es nur kalt und naß ist, sich bewegt, aber ihm nichts tut. Ich halte mit den Zügeln Verbindung zum Pferdemaul und bin auch mit dem Unterschenkel am Pferd, bin also bei ihm und gebe ihm Sicherheit.

Links: Hier wird das Pferd nun im Wasser herumgeritten, damit es lernt, auch im Wasser seinen Rhythmus und seine Balance zu halten.

Ein idealer Baumstamm zum Üben – mit und ohne Wasser dahinter.

jungen Pferde am Wasser vor keine unlösbaren Aufgaben gestellt. Bei einer A-Vielseitigkeit geht es oft entweder über eine Kante oder einen kleinen Baumstamm ins Wasser, oder es wird nur Hineinreiten verlangt und dann vielleicht ein Sprung aus dem Wasser. Darum ist es wichtig, auch das Herausreiten und Herausspringen zu üben.

Von Prüfungen der Klasse L an steht vor dem Wasser ein ernstzunehmendes Hindernis, ein Baumstamm oder ein Steilsprung. Darüber muß das Pferd direkt ins Wasser springen. So etwas kann und sollte ich mir nachbauen und üben, damit ich mein Pferd nicht zum ersten Mal in einer Prüfung damit konfrontiere.

▸ Der Sitz im Gelände

Dem Sitz kommt beim Reiten im Gelände, sowohl im Training als auch in der Prüfung, eine besondere Bedeutung zu. Der stabile Unterschenkel ist für mich dabei das Wichtigste. Im Gelände sollte er immer am Gurt liegen oder etwas davor, damit der Oberkörper stabil bleibt. Ist der Reiter mit seinem Oberkörper nicht in der Balance, bringt er auch sein Pferd aus dem Gleichgewicht.

Natürlich gehe ich mit meinem Oberkörper ein bißchen nach hinten, wenn mein Pferd ins Wasser springt. Auf alten Fotos kann man das in der Übertreibung sehen, nämlich Reiter, die sich bei Tiefsprüngen mit oder ohne Wasser extrem nach hinten legen. Um im Schwerpunkt des Pferdes zu bleiben, muß ich meinen Oberkörper aber nur ein wenig nach hinten bewegen. Eine zu starke Rücklage stört das Pferd und hindert es daran, unmittelbar nach dem Sprung seinen Rhythmus wiederzufinden.

Das kostet nicht nur wertvolle Zeit, sondern kann mein Pferd auch unsicher machen.

Für die Hand gilt, daß ich im Idealfall ständig eine leichte Verbindung zum Pferdemaul halte. Das kann gerade bei Wassereinsprüngen sehr wichtig sein, vor allem dann, wenn ich eine hintere Startnummer gelost habe. Auch ein Boden, der bei der Besichtigung einen sehr guten Eindruck gemacht hat, kann nach sechzig oder siebzig Startern gelitten haben und nicht mehr fest sein.

Darum bemühe ich mich, mein Pferd auch mit der Hand zu unterstützen, Kontakt zum Maul zu behalten. Ich habe es zwischen Hand und Bein. Das hilft mir, auf den Sprung zu meine Linie zu halten, und im Notfall wird meine Hand zum fünften Bein. Das heißt, wenn es ins Wasser springt, nicht genügend Halt findet und dadurch stolpert, helfe ich ihm durch die leichte, aber stete Verbindung zum Maul, schnell wieder Tritt zu fassen.

Sehr viele Stürze passieren nicht am Einsprung ins Wasser, sondern am Aussprung. Ein Grund dafür ist, daß der Reiter zu weit vorne auf dem Hals des Pferdes liegt und dazu noch die Zügel wegwirft, also zuviel nachgibt. Viele Reiter machen auch den Fehler, daß sie aus einer zu großen Distanz aus dem Wasser herausspringen wollen. Sie glauben, dadurch Zeit zu sparen, geben den Zügel frei und sind im schlechtesten Fall auch noch mit dem Schenkel nicht genügend am Pferd. Dadurch fühlt es sich alleine gelassen, ist verunsichert, zumal es in tieferem Wasser ohnehin Mühe hat, seinen Rhythmus zu halten, macht einen Galoppsprung mehr oder springt halb heraus – und schon liegen beide auf der Nase.

Darum gebe ich meinem Pferd im Wasser immer eine ganz sichere Anlehnung mit der Hand, was nicht heißt, daß ich ziehe. Aus meinem elastischen Ellenbogen heraus lasse ich das Pferd die Dehnung bestimmen, denn es muß sich über dem Sprung im Hals dehnen, um sich auszubalancieren. Als Reiter muß ich diese Dehnung zulassen, ohne den Zügel wegzuwerfen.

Ich versuche immer, möglichst dicht an die Kante des Aussprungs heranzureiten, damit mein Pferd hoch aus dem Wasser herausspringt und wirklich sicher auf dem Trockenen landet.

Die sichere Anlehnung ist für mich keine Frage, die sich an einzelnen Hindernissen stellt oder vor allem am Wasser. Ich bin immer wieder erstaunt, wie viele Reiter mit durchhängenden Zügeln im Gelände reiten und weit vorgehen im Absprung. Das halte ich für fatal und plädiere dafür, daß der Reiter Verbindung zum Pferdemaul behält, um so dem Pferd klare Anweisungen zu geben. Nur dann ist er in der Lage, den Absprung genau zu bestimmen.

Das Management

▸ Die Haltung

DER STALL

Nur ein Pferd, das sich wohl fühlt, bringt im Sport Höchstleistungen. Grundsätzlich sollte jeder Pferdehalter versuchen, die natürlichen Bedingungen so gut wie möglich nachzuempfinden, in denen das Pferd gelebt hat, bevor der Mensch es domestizierte. Das fängt bei der Größe der Box an. Vier mal vier Meter sollten es schon sein. Sie erlauben es dem Pferd, sich zu bewegen, sich problemlos zu wälzen und hinzulegen. Normalerweise werden die Pferde in Gatcombe Park einmal am Tag geritten. Zusätzlich zur täglichen Arbeit kommen die Pferde jeden Tag auf die Weide.

Wenn die Chefin sich wohl fühlt, geht es auch den Pferden gut.

Dennoch ist die Box der Ort, an dem sich das Pferd die meiste Zeit des Tages aufhält. Darum sollte man neben genügend Bewegungsmöglichkeit auch auf Sauberkeit achten. In Gatcombe Park wird dreimal täglich gemistet, zweimal sehr gründlich, einmal wird nur abgeäppelt. Der Hintergrund: Schlechte Luft ist der Nährboden für viele Krankheiten. Wer nur einmal am Tag zu seinem Pferd kommen kann, sollte dafür sorgen, daß andere das Misten für ihn übernehmen.

Der Stall sollte hell sein. Außenboxen sind ideal, weil das Pferd Anteil am Geschehen auf dem Hof nehmen kann und automatisch für frische Luft gesorgt ist. Bei niedrigen Decken im Stall kann man sich mit künstlicher Belüftung helfen.

DIE STREU

Späne oder – für Pferde, die Probleme mit Staub haben – Papierschnitzel sind die beste Einstreu, auch wenn Stroh billiger ist. Als Unterlage dient eine Gummimatte, die zum Beispiel beim Schlafen gegen Kälte schützt und Verletzungen beim Aufstehen vorbeugt. Dazu kommt, daß die Streu flacher ausfallen kann, weil keine Matratze angelegt werden muß. Für Späne oder Papier sprechen besonders zwei Gründe: Die bessere Hygiene und die Kontrolle über das Gewicht des Pferdes, weil die Pferde nicht zwischendurch Stroh fressen können. Allerdings muß dann für ausreichend Rauhfutter in Form von Heu gesorgt werden.

DIE FÜTTERUNG

Pferde, die wegen einer Stauballergie auf Papier stehen, bekommen in Gatcombe Park nasses Heu. Um den Magen-Darm-Trakt der Pferde trotz des fehlenden Strohs ausreichend zu beschäftigen, wird bis zu dreimal täglich Heu gefüttert. Vorbild ist auch hier das Verhalten in der Natur. Dort frißt das Pferd zwölf Stunden und verdaut in den restlichen zwölf. Darum bekommen die Pferde, sobald sie voll im Training sind, viermal täglich kleinere Rationen Fertigfutter, wobei sich die Mischung nach dem Energiebedarf richtet.

Die erste Ration gibt es morgens um 6.30 Uhr, die nächsten folgen im Fünf-Stunden-Rhythmus. Morgens und um 17.00 Uhr gibt es zusätzlich Heu. Das Fertigfutter ist in der Regel so zusammengesetzt, daß Zufüttern nicht nötig ist.

Um sicherzugehen, daß die Fütterung ausgewogen ist, sollte man zwei- oder dreimal im Jahr eine Blutanalyse machen lassen. Auf diese Weise lassen sich eventuelle Mangelerscheinungen feststellen, die man dann durch Zufüttern beheben kann.

DEN STICHT DER HAFER

An dem Spruch ist tatsächlich etwas dran. Jedenfalls haben wir bei unseren Pferden festgestellt, daß sie einfach zu nervig werden und zu schwierig zu reiten sind, wenn wir Hafer füttern. So sind wir auf Futtermittel gekommen, in denen der Haferanteil so gering wie möglich ist, die mehr Gerste enthalten.

Gerade bei Watermill Stream habe ich eine riesige Veränderung festgestellt, seit er keinen Hafer mehr bekommt

Karen, Headgirl oder erste Pflegerin in Gatcombe Park, erstellt die Futterpläne für die Pferde.

FUTTERPLAN FÜR WATERMILL STREAM

In England außerhalb der Saison:

Morgens	1 kg Winergy Calmer
Mittags	1 kg Winergy Calmer
Abends	1 kg Winergy Calmer
	0,5 kg Gerste
	0,25 kg Mollichop

(melassiertes Rauhfutter)

Zusätzlich zu jeder Mahlzeit 2 Eßlöffel Lebertran für Haut und Fell, besseren Geschmack, gute Verdauung und allgemeines Wohlbefinden, außerdem 3 x täglich Heu, insgesamt etwa 6 bis 7 kg.

In der Saison:

Morgens 07.00	1 kg Winergy Calmer
Mittags 13.00	1 kg Winergy Calmer
	0,5 kg Gerste
Abends 17.30	0,5 kg W. Calmer
	0,5 kg W. Balance
	0,5 kg Gerste
	0,25 kg Mollichop
Abends 22.00	1 kg W. Calmer
	0,5 kg Gerste

Zusätzlich Knoblauchöl als natürlichen Schutz gegen Fliegen, Lebertran fürs allgemeine Wohlbefinden, je nach Verlangen Heu 4 x täglich jeweils eine halbe Stunde vor den Mahlzeiten, um Magen und Darm in Gang zu bringen. Vor langen Prüfungen wird drei bis vier Tage vor der Abreise angefangen, Elektrolyte in niedriger Dosierung übers Futter dazuzugeben. In Deutschland würde Watermill Stream anders gefüttert, weil Winergy dort andere Futtersorten vertreibt. Dort bekäme er täglich, auf drei Mahlzeiten verteilt, 1,5 kg Gerste, 2,5 kg Winergy Balance und 0,25 kg Mollichop, außerdem 3 x täglich Heu, insgesamt 7,5 kg.

Andrew Hoy hat mit der Firma Winergy einen Sponsorenvertrag. Er soll ihre Futtermischungen in England und Australien bekannter machen. Darum wird im Stall Hoy/Overesch Winergy gefüttert. Die in England gängigsten Futtermischungen dieses Herstellers heißen *Calmer*, *Balanced* und *Advanced*. In Deutschland vertreibt Winergy andere Futtermischungen.

Will man es auf einen Nenner bringen, gilt für Pferde das gleiche wie für Menschen: Die Nahrung sollte arm an Eiweiß und reich an Kohlehydraten sein und auch eine gewisse Menge Fett enthalten. Die guten Futtersorten sind darum mit Ölen angereichert.

DAS TRÄNKEN

In Gatcombe Park gibt es keine Selbsttränken. Die Pferde werden grundsätzlich aus dem Eimer getränkt. Bei einer Untersuchung im Zusammenhang mit den Olympischen Spielen in Atlanta hat man festgestellt, daß Pferde aus dem Eimer mehr trinken als aus einer Selbsttränke. Außerdem hat, wer Eimer benutzt, einen genauen Überblick darüber, wieviel das Pferd trinkt.

Stehen große Prüfungen bevor, bekommen die Pferde schon zu Hause Wasser, dem Elektrolyte zugesetzt wurden. Dadurch kennen sie den Geschmack schon, den manche Pferde mögen, andere nicht. Überhaupt kann man Pferde, die schlecht trinken, durch Zusätze anregen, mehr Wasser zu sich zu nehmen. Was man zusetzt, hängt vom Pferd ab: Das kann etwas Süßes, aber auch Essig sein oder eben Elektrolyte, die bei starkem Schwitzen den Wasserhaushalt des Pferdes wieder ins Gleichgewicht bringen.

Das Tränken aus dem Eimer hat noch einen Vorteil: Die Pferde müssen sich auf dem Turnier, wo es selten Selbsttränken gibt, nicht umstellen. Am besten ist es, wenn man den zu Hause benutzten Eimer mitnimmt. Bei Kurzprüfungen bekommen die Pferde von uns sogar heimisches Wasser, das die Pfleger in Kanistern mitbringen. Viele Pferde sind sehr wählerisch und trinken schlecht, wenn das Wasser ganz anders schmeckt als das gewohnte. Für anstrengende Prüfungen brauchen sie aber unbedingt genug Wasser.

GEWICHTSKONTROLLE

Einmal in der Woche werden die Pferde in Gatcombe Park gewogen. Im Idealfall geschieht das nach einem Turnier. Das mag umständlich klingen, geht aber ganz schnell, wenn man eine entsprechende Waage hat, und ist besser als Augenkontrol-

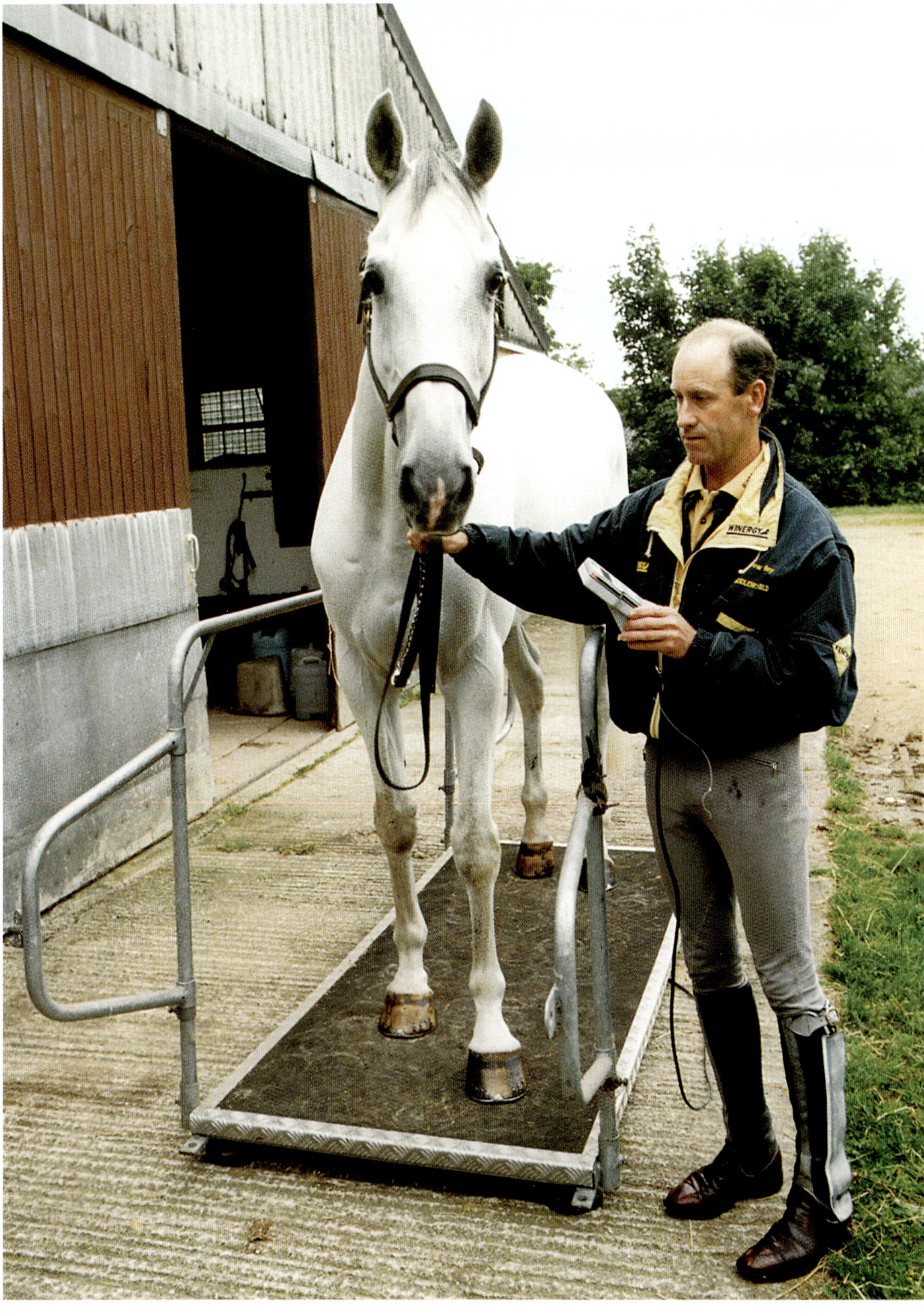
WINERGY

le, bei der man sich immer mal täuschen kann. Auf diese Weise kann man nach einer gewissen Zeit herausfinden, bei welchem Gewicht das Pferd seine beste Leistung bringt. Für Watermill Stream sind 540 Kilo ideal. Damit hat er Badminton und die Europameisterschaft in Burghley bestens überstanden.

Linke Seite: Andrew wiegt hier ausnahmsweise mal nicht sich selbst.

SPEZIELLE KUREN

Mit speziellen Kuren kann der Reiter etwas für die Sehnen und Bänder tun. Das ist vor allem bei älteren Pferden anzuraten. Bänder und Sehnen werden bei Pferden, die im Hochleistungssport gehen, besonders beansprucht. Wenn sie ausreichend und gezielt versorgt werden, bleiben sie elastisch und geschmeidig. Das beugt Verletzungen vor und verkürzt im Fall einer Verletzung den Heilungsprozeß.

Watermill Stream bekommt Grandflex von der Firma Grand Meadows, die mich seit meinem Sieg bei der EM finanziell unterstützt. Diese Firma stellt auch ein Biotinfutter für Problemhufe her. Mit ihm kann man schwache Hufe stärken, bröckelige Hufe festigen und auch das Hufwachstum anregen.

IMPFUNGEN

Die Pferde werden gegen Influenza und Tetanus geimpft. Üblich ist heute ein Kombinationswirkstoff, so daß nur eine Injektion erforderlich ist. Sie wird im Pferdepaß eingetragen, den jedes international gehende Pferd braucht. Laut Reglement darf die letzte Impfung nicht länger als 12 Monate zurückliegen. Zwar garantieren die meisten Hersteller einen Schutz von 12 Monaten, aber trotzdem impfen viele Reiter ihre Pferde zweimal im Jahr, vor Beginn und nach dem Ende der Saison. Nach der Impfung sollten die Pferde mindestens eine halbe Woche nicht belastet werden, denn es kann zu körperlichen Reaktionen wie Fieber oder Kolik kommen. Außerdem müssen laut Reglement mindestens drei Wochen zwischen dem Impftermin und dem Beginn der nächsten Prüfung liegen.

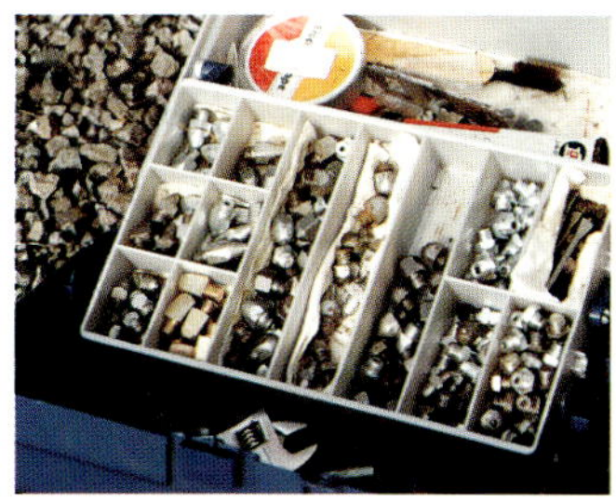

Ein gut sortierter Stollenkasten

WURMKUREN

Besonders bei Pferden, die regelmäßig auf die Weide gehen, sind Wurmkuren sehr wichtig. Am besten macht man sie viermal im Jahr, zweimal jährlich ist das absolute Minimum. Wenn Pferde anfangen, sich die Schweifrübe zu scheuern, ist das oft ein Zeichen dafür, daß es Zeit ist für eine Wurmkur. Reagiert ein Pferd auf die Wurmkur mit Durchfall, deutet das darauf hin, daß es Würmer hatte.

DIE LAGE DER STOLLEN

Wer sich ein Bild davon machen will, an welcher Stelle die Stollen sitzen, stellt sich am besten an die Seite des Pferdes. Dann bilden das Vorderfußwurzelgelenk, das Fesselgelenk, das Hufgelenk und der Stollen eine gerade Linie.

Es gibt mehrere Arten von Würmern, aber die guten Wurmkuren decken auch mehrere Gruppen ab. Wer ganz sichergehen will, läßt den Tierarzt mindestens eine Kotprobe nehmen, am besten mehrere, die dann im Labor untersucht werden.

DER BESCHLAG

No feet, no horse – diese englische Redensart besagt, daß ein Pferd nur so gut ist wie seine Hufe und sein Beschlag. Ein exzellenter Schmied ist darum immer sein Geld wert. Ein guter Beschlag ist für ein Pferd genauso wichtig wie ein guter Schuh für einen Läufer. Es ist erstaunlich, wie viele Pferde Hufprobleme haben. Wenn dann der Beschlag nicht stimmt, können sie auch keine optimale Leistung bringen.

Seit ich in England bin, werden meine Pferde ganz anders beschlagen. Es gibt dort Eisen, die in Deutschland wahrscheinlich Renneisen genannt würden. Diese Eisen haben in der Mitte eine Furche und sind etwas schmaler, haben also eine kleinere Auflagefläche. Die Furche erhöht die Trittsicherheit der Pferde.

Im Vergleich zu den deutschen Eisen sind die englischen spitzer. Doch die vielleicht größte Veränderung betrifft die Stollen, die ich früher immer ganz am Ende des Eisens eingedreht habe. Jetzt drehe ich sie mehr in der Mitte, zwischen dem dritten und vierten Hufnagelloch, ein. Das ist bei den englischen Stollen etwas einfacher, weil sie kleiner sind. Sie haben ein Acht-Millimeter-Gewinde. Das in Deutschland übliche Zwölf-Millimeter-Gewinde paßt nicht zwischen zwei Hufnagellöcher.

Abgesehen von dem Desaster in Rom 1998, als Watermill Stream sich im von sintflutartigen Regengüssen aufgeweichten

Die Stollen liegen fast genau in der Mitte des Eisens, sowohl vorne als auch hinten.

Geläuf beide Vordereisen abtrat, mag auch die folgende Geschichte verdeutlichen, wie wichtig der Beschlag sein kann. Bei den British Open in Gatcombe Park 1997 ging Watermill Stream noch mit dem alten Beschlag. Es war naß, ging extrem rauf und runter, und auch die Wendungen waren extrem scharf. Die British Open finden auf einem relativ kleinen Gelände statt, wodurch die Sprünge schnell aufeinanderfolgen. Ich habe gemerkt, daß Watermill Stream bei dem Auf und Ab doch sehr unsicher wurde. Ich hatte meine Mühe, ihn kontrolliert und konzentriert an die Sprünge heranzureiten, weil er durch die Unsicherheit sehr heftig wurde. Erst hinterher haben wir die Lage der Stollen verändert, und das hat sich sehr positiv auf seine Trittsicherheit ausgewirkt.

In jedem Fall sollte der Reiter alles dafür tun, daß sein Pferd auch auf schwierigem Geläuf möglichst sicher ist. Denn auf Unsicherheit reagieren Pferde je nach ihrer Persönlichkeit entweder so, daß sie die Flucht nach vorne ergreifen, wie zum Beispiel mein Spooky, oder es tritt das genaue Gegenteil ein, und sie bleiben stehen.

Die Acht-Millimeter-Stollen haben noch einen Vorteil: Es gibt eine große Auswahl, was Länge, Breite und Form angeht. In Deutschland gibt es hauptsächlich zwei verschiedene Zwölf-Millimeter-Stollen, den ganz normalen eckigen und einen etwas längeren, spitzeren. In England kann man unter acht verschiedenen Stollen jeweils den auswählen, der für die bevorstehende Aufgabe – Dressur, Gelände oder Springen – und die herrschenden Bodenverhältnisse am besten paßt. Die Auswirkung auf die Trittsicherheit bei Absprung und Landung und beim Galoppieren am Hang war vor allem am Anfang für mich immer wieder verblüffend.

Werden Pferde in Deutschland alle sechs bis acht Wochen neu beschlagen, kommt der Schmied in Gatcombe Park während der Turniersaison alle vier Wochen und beschlägt die Pferde neu. So machen es in England auch die Besitzer von Rennpferden. Das ist zwar teurer, hat aber einen entscheidenden Vorteil: Der Unterschied zwischen vorher und nachher ist wesentlich geringer. Die Gelenke werden weniger belastet. Allerdings sollte man bei älteren Pferden große Korrekturen am Beschlag nur nach Absprache mit Tierarzt und Schmied vornehmen. Denn der Körper, vor allem die Stellung der Gelenke, hat sich auf den Beschlag eingestellt. Meine Devise lautet: Hände weg von Pferden mit extremen Stellungsfehlern der Gelenke. Denn die meisten sind für unseren Sport nicht geeignet.

PFERDE AUF STÖCKELSCHUHEN

Am besten ist es, wenn der Schmied alle vier Wochen kommt, um die Pferde zu beschlagen. Warum? Bei einem Model, das in seinem Beruf täglich hohe Stöckelschuhe trägt, verkürzen sich die Sehnen. Nimmt man dieser Frau die Stöckelschuhe weg und zwingt sie, flache Schuhe zu tragen, kann sie zunächst kaum laufen ... Ähnlich groß, nur umgekehrt, ist die Belastung für ein Pferd, bei dessen Huf nicht die Tracht, sondern nur die Zehe wächst. Dadurch ist der Huf nach acht Wochen platt und flach. Die tiefe Beugesehne wird unnötig belastet. Macht der Schmied den Huf nach acht Wochen ganz kurz, steht das Pferd wie auf Stöckelschuhen.

HORSEWARE
IRELAND

▶ Das Team im Hintergrund

Linke Seite: Im Idealfall kommt Dr. von Saldern, der das deutsche Vielseitigkeitsteam betreut, bei seinen Besuchen in England mit zu einem Turnier, um Watermill Stream direkt nach der Prüfung zu untersuchen.

Spitzensport ist Teamwork, auch wenn Pferd und Reiter im Falle des Erfolges oder der Niederlage im Mittelpunkt stehen. Das Team im Hintergrund ist genauso wichtig wie das Paar, wie Reiter und Pferd.

Zum Team gehören der Physiotherapeut, der Schmied und der Tierarzt. Am wichtigsten für das Pferd ist der Pfleger oder die Pflegerin, denn niemand kennt das Pferd so gut wie der Pfleger. Das weiß ich aus eigener Erfahrung, denn ich habe lange Zeit meine Pferde selbst gepflegt, hatte nur auf Turnieren einen Pfleger dabei. Da ich das Pferd immer wieder anfasse, beim Putzen, Hufeauskratzen, Satteln, bemerke ich auch kleine Veränderungen sofort. Das geht vom warmen Bein über eine leichte Empfindlichkeit im Rücken bis hin zu kleinen Verletzungen, weil sich das Pferd irgendwo gestoßen hat. Der Pfleger behält das nicht für sich, sondern spricht mit dem Reiter darüber. Und in diesem Gespräch wird nach Ursachen geforscht.

DAS TAGEBUCH

Auch für mich ist neu, daß ein Tagebuch geführt wird. Darin trägt der Reiter, also Andrew oder ich, stichwortartig ein, welche Pferde er geritten hat, was auf dem Programm stand, welche Probleme aufgetaucht sind und was er für den kommenden Tag vorschlägt. Die Pflegerin trägt ein, was sie beobachtet hat, welche Medikamente die Pferde bekommen haben und warum, wie das Stretchprogramm aussah. Auch Termine, zum Beispiel Besuche von Besitzern, Tierarzt oder Physiotherapeut, werden auf diese Weise kommuniziert. Diesen intensiven Austausch mit unserem guten Team im Hintergrund habe ich sehr schnell schätzen gelernt.

Der Tierarzt kommt regelmäßig alle drei bis vier Wochen nach Gatcombe Park, im Idealfall nach einem Turnier. Die Pferde werden an der Hand vorgetrabt, in Zweifelsfällen auch mal auf hartem Boden longiert und untersucht. Diese neutrale Kontrolle schützt den Reiter davor, betriebsblind zu werden, sich Sand in die Augen zu streuen und zu sagen: Der läuft doch immer so ...

Die Versuchung ist besonders groß, wenn eine wichtige Prüfung bevorsteht und man das Training nicht unterbrechen möchte. Aber es wäre ausgesprochen kurzsichtig, auch kleinste Verletzungen nicht von Anfang an ernst zu nehmen und auszukurieren.

MUSKELSTIMULATOREN

In einer verletzungsbedingten Zwangspause muß das Pferd übrigens nicht all seine mühsam aufgebauten Muskeln verlieren. Zieht man den Physiotherapeuten zu Rate, wird der zum Beispiel den Einsatz von Muskelstimulatoren empfehlen. Das sind zwei Elektroden, die jeweils am Anfang und Ende eines Muskels angesetzt werden und die Muskeln von Rücken, Hinterhand und Hals wenigstens teilweise erhalten, so daß ich später im Training nicht bei Null anfangen muß.

Bei einem durchtrainierten Pferd, das schon länger im Sport ist, lassen sich Herz und Lunge wesentlich schneller aufbauen als die Muskulatur. Wenn ich die Muskeln mit Hilfe von Stimulatoren erhalte, verringere ich auch das Verletzungsrisiko nach der Pause. Sonst kann es leicht passieren, daß sich das Pferd durch die hohe Grundkondition schon sehr fit anfühlt, aber die Muskulatur überfordert wird.

Muskelstimulatoren sind anders als eine physiotherapeutische Behandlung vor allem etwas für Profis mit Pferden, die schon M- und S-Prüfungen gehen.

DIE PHYSIOTHERAPIE

ZU HAUSE:

Schon in Deutschland hatte sich in der Zusammenarbeit mit Helle Kleven, der Physiotherapeutin des deutschen Militaryteams, herausgestellt, wie wichtig Physiotherapie für Pferde während langer, schwerer Prüfungen ist. Noch größer ist die Wirkung, wenn die Pferde auch im täglichen Training physiotherapeutisch betreut werden. Das heißt nicht, daß der Fachmann oder die Fachfrau täglich kommen muß. Auch Pfleger oder Reiter können die Übungen nach Anleitung durchführen.

In Gatcombe Park kommt die englische Physiotherapeutin in der Regel alle 14 Tage, während der Saison sogar möglichst jede Woche, bei Problemen auch öfter. Sie untersucht jedes Pferd und findet dabei wunde Punkte (Wo ist es einfach nur steif und fest?) ebenso wie grundlegende Probleme, die zum Beispiel von einer alten, verschleppten Muskelverletzung herrühren können. Aufgrund ihrer Analyse entwickelt sie für jedes Pferd ein Stretchprogramm, das im Idealfall mehrmals am Tag, mindestens aber vor und nach dem Reiten durchgeführt wird.

Vor allem bei älteren Pferden zahlt sich die tägliche physiotherapeutische Behandlung eindeutig aus, löst Verhärtungen und Verspannungen und mindert dadurch die Belastung. Aber auch bei jüngeren Pferden, die sehr fest sind, kann ein Stretchprogramm angezeigt sein.

Bereiche, die besonders gut auf Physiotherapie ansprechen, sind Hinterhand, Becken, Hüfte, Hals, Nacken und Schulter. Probleme in der Schulter führen nicht selten zu Sehnenschäden, vor allem, wenn die Schulter nicht genügend nach vorne ausgreift. Es ist beim Pferd wie beim Menschen: Im Idealfall setzt du den Körper in die optimale Balance. Das heißt, daß es nirgendwo zwickt. Denn wenn es zwickt, ist das ein Zeichen dafür, daß auf eine der Gliedmaßen mehr Druck ausgeübt wird. Und das führt dann zu Verletzungen der Sehnen, Gelenke oder Bänder. Dagegen versuchen wir mit der Physiotherapie vorzubeugen. Die Pferde werden zu Hause jeden Tag gestretcht.

IN KURZPRÜFUNGEN:

Unsere Physiotherapeutin kommt mit zu den wichtigen Prüfungen, auch wenn alle drei Disziplinen an einem Tag stattfinden. Sie lockert die Pferde einmal vor der Dressur. Das ist nicht nur wichtig für die Muskulatur, sondern auch für das Nervenkostüm.

Es ist für mich immer wieder interessant zu beobachten, wie sehr sich Watermill Stream dabei entspannt. Er ist dann so locker und auch so streßfrei im Kopf, daß ich, wenn ich mich anschließend draufsetze, das Gefühl habe, ich hätte ihn schon 45 Minuten geritten. Nach der Dressur, wenn die Muskulatur richtig schön warm ist, dehnt sie die Pferde noch einmal richtig aus.

Bei Kurzprüfungen machen wir vor dem Springen, der zweiten Disziplin, meistens nichts und behandeln vor dem Gelände wenn überhaupt nur die Schwachpunkte. Ganz wichtig ist dann wieder die Physiotherapie nach dem Gelände. Ich vergleiche das gerne mit Fußballern, die sich nach einem Spiel in den Whirlpool setzen.

Unsere Pferde werden nach dem Gelände und, noch wichtiger, am Tag danach ausmassiert, damit das Training zu Hause nicht mit Muskelkater und leichteren Verkrampfungen fortgesetzt wird.

IN LANGEN PRÜFUNGEN:

Die Physiotherapie gab Anlaß zu interessanten Beobachtungen. Es scheint, als ob Muskelprobleme, also Verspannungen, Verletzungen, Zerrungen, in 80 Prozent der Fälle dafür verantwortlich sind, daß Pferde nach dem Gelände lahm oder ungleich gehen. Ein geschulter Physiotherapeut, der das Pferd auch aus der täglichen Arbeit zu Hause und damit seine Schwachstellen kennt, kann am Samstag abend nach dem Gelände sehr viel Gutes tun. Weil er das Pferd kennt, erfühlt er auch neue Veränderungen nach der extremen Belastung während der Geländeprüfung.

Mit Stretchübungen, vielleicht noch Eis und Laser, kann man unheimlich viel in den Griff kriegen. Früher wurden Pferde ja manchmal die ganze Nacht durch geführt. Das ist heute nicht mehr erlaubt. Die Pferde dürfen nur bis 23.00 Uhr und dann wieder ab 05.00 Uhr geführt werden. Unsere Pferde werden vor der dritten Verfassungsprüfung und dann auch noch einmal vor dem Springen durchmassiert.

Die besten Ergebnisse werden gerade in Problemfällen erzielt, wenn Tierarzt und Physiotherapeut an einem Strang ziehen, sich gegenseitig vertrauen und über alles informieren. Auch dieses Verhältnis muß wachsen. Noch ist es in den meisten Fällen so, daß der Tierarzt das letzte Wort hat und darauf auch besteht. Doch je stärker sich die Physiotherapie durchsetzt, desto geringer werden die Reibungsverluste. Noch haben manche Tierärzte Angst, daß ihre Kompetenzen beschnitten werden und ihr Einflußbereich schmilzt. Reiter, die von der Physiotherapie

GESUND IN DIE WINTERPAUSE

Dr. Friedrich-Wilhelm von Saldern, seit 1997 Mannschaftstierarzt der deutschen Militaryreiter und von den Buschreitern nur »Fiddi« genannt, hatte sich darüber gewundert, daß auffallend viele Pferde beim Beginn des Trainings für die neue Saison Sehnenverletzungen hatten und lahm gingen.

Im Rahmen einer Untersuchung forschte er nach den Gründen und stellte fest, daß viele Reiter ihre Pferde am Ende der Saison nach der letzten langen Prüfung »in die Ecke stellen«, vorher wohl noch abtrainieren, aber den ganzen Winter über sich selbst überlassen. So blieben vor allem leichtere Sehnenverletzungen unbemerkt, die sich die Pferde in der letzten Prüfung zugezogen hatten, die aber nicht auf den ersten Blick zu sehen waren, weil die Pferde nicht lahmten.

Da die Verletzungen nicht behandelt wurden, heilten sie nicht aus, aber die Pferde reagierten, als sie im Training wieder stärker belastet wurden. Von Saldern rät darum zu einer gründlichen veterinärmedizinischen Untersuchung am Ende der Saison, um sicherzustellen, daß eventuell vorhandene Verletzungen sofort behandelt werden und das Pferd gesund in die Winterpause geht.

Wer die Pause nicht nutzt, um eine Verletzung auszukurieren, muß später vielleicht eine halbe oder gar ganze Saison aussetzen oder läuft Gefahr, daß ein kleiner Schaden größer wird. Außerdem ist die Winterpause die ideale Zeit, um grundsätzliche Probleme zu beheben:

- *Bei einer Übersäuerung, also einem Stoffwechselproblem, kann eine Umstellung der Fütterung angeraten sein.*
- *Bei falschem Beschlag wird man über andere Eisen nachdenken.*
- *Rückenprobleme können am Sattel liegen, denn der Rücken des Pferdes verändert sich zum Beispiel mit dem Futterzustand oder zunehmendem Alter. Für einen Fachmann ist es kein Problem, einen Sattel an die veränderten Bedingungen anzupassen.*

überzeugt sind, sollten sich darum einen offenen, unvoreingenommenen Tierarzt suchen, der bereit ist anzuerkennen, daß auch die Physiotherapie auf medizinischen Erkenntnissen beruht.

Ein Pferd, das Streß hat, kann man beruhigen, wenn man einen bestimmten Punkt am Pferdehals kennt. Den kann einem der Physiotherapeut zeigen. Ein guter Physiotherapeut kann auch erklären, wie er zu seiner Behandlungsmethode kommt. Da stoßen Heilpraktiker manchmal an ihre Grenzen. Wenn ein Arzt Bedenken gegenüber Heilpraktikern hat, kann ich das schon eher verstehen. Die Wirkung des Auspendelns zum Beispiel läßt sich nicht hundertprozentig erklären. Wenn ein Tierarzt da mit dem Kopf schüttelt, würde ich das akzeptieren. Aber weil ich von der Physiotherapie überzeugt bin, würde ich versuchen, meinen vielleicht am Anfang skeptischen Tierarzt davon zu überzeugen, und wenn das keinen Erfolg hat, würde ich einen anderen suchen. Denn es macht natürlich nur Sinn, wenn beide zusammenarbeiten.

DER TIERARZT

Durch die besondere Situation, in England zu leben und zu trainieren, aber weiter für Deutschland zu reiten, ergibt sich das Problem, daß der deutsche Mannschaftstierarzt Watermill Stream nicht ständig überwachen und betreuen kann. Es wäre aber schlecht, ihm etwas vorzumachen oder ihn im unklaren über gewisse Probleme zu lassen.

Dr. von Saldern, der in Deutschland mein Tierarzt war und auch unser Team-Tierarzt ist, kennt Watermill Stream sehr gut. Er hat die Ankaufsuntersuchung gemacht und ihn auch betreut, solange ich in Deutschland war. In England macht das jetzt Mark Lucy, der Mannschaftstierarzt der Spanier. Bei ihm merke ich immer wieder, daß er sehr vorsichtig ist, wahrscheinlich weil andere Reiter das von ihm erwarten. Er fragt mich, was er Dr. von Saldern erzählen darf und was nicht. Ich habe von Anfang an gesagt, daß er alles besprechen soll, wenn er Spooky behandelt, warum er das tut, welche Medikamente er gibt, eben alles. Das soll wie ein offenes Buch sein. Ich halte überhaupt nichts davon, dem Mannschaftstierarzt oder den Offiziellen ein Problem zu verschweigen.

Der Mannschaftstierarzt kann mein Pferd nur optimal betreuen, wenn er genau weiß, was los ist. Ich will auch nur zu einem großen Turnier oder zu einem Championat, wenn ich davon ausgehen kann, daß mein Pferd der Anstrengung gesundheitlich gewachsen ist. Darum bin ich uneingeschränkt für offene Karten. Nur dann kann der Tierarzt mich auch wirklich beraten. Denn von ihm erwarte ich ja auch, daß er mir reinen Wein einschenkt, mich auf ein eventuelles Risiko hinweist.

Wir Reiter neigen sicher manchmal dazu, uns etwas schönzureden, weil wir für den Sport leben, Erfolge wollen und – wenn wir vom Sport leben – auch brauchen. Im schlimmsten Fall muß der Tierarzt sagen: Das hat keinen Zweck, laß es lieber! Aber ein Tierarzt, der immer nur sagt: Wenn es mein Pferd wäre, würde ich nicht reiten ..., der imponiert mir nicht. Mit so einer Aussage ist er immer auf der sicheren Seite.

Ich erwarte ein klares Statement, etwas wie: Das Risiko, daß etwas passiert, liegt bei 50:50 oder bei 80:20. Die Entscheidung, ob ich reite oder nicht, liegt dann immer noch bei mir. Die kann mir der Tierarzt nicht abnehmen. Und wenn er klar sagt: Laß es!, fahre ich auch nicht los, ganz gleich, um welche Meisterschaft es sich handelt. Mein Ziel ist es nicht, nur dabeizusein. Damit schade ich am Ende mir, meinem Pferd und unter Umständen der ganzen Mannschaft. Davon hat also niemand etwas.

Wenn Dr. von Saldern in England ist, kommt er auch in Gatcombe Park vorbei. Dann wird Spooky an der Hand vorgetrabt, und er schaut sich meinen Schimmel genau an. Er war es auch, der mich darauf aufmerksam machte, daß sich der Rücken verändert hat und ich die Sättel aufpolstern lassen muß.

Ich hatte zwar schon gemerkt, daß Watermill Stream am Widerrist ziemlich empfindlich war, aber nichts unternommen, weil ich dachte: Der Sattel hat letztes Jahr gepaßt und wird schon noch passen.

Es ist diese produktive Kritik, die ich von meinem Tierarzt erwarte, weil sich dann viele Probleme schon im Ansatz beheben lassen. Jetzt weiß ich, daß am Widerrist wichtige Nerven entlanglaufen, die in die Schulter führen. Zusammenhänge wie diese kennt ein »normaler« Tierarzt wahrscheinlich nicht. Darum braucht, wer in der Vielseitigkeit auf höherem Niveau reiten möchte, einen Veterinär, der sich mit Pferden und in unserem Sport sehr gut auskennt und vom Gesamteindruck des Pferdes Rückschlüsse auf Probleme ziehen kann.

▸ Die Winterpause

Am Ende der Saison hat sich das Pferd eine Pause verdient. Wichtig ist, daß man es vorher abtrainiert, also nicht unmittelbar nach der letzten Prüfung auf die Weide schickt oder in den Stall stellt. Das gilt natürlich nicht, wenn sich das Pferd in der letzten Prüfung verletzt hat.

Hat es sie heil überstanden, empfiehlt sich eine leichte, gymnastizierende Arbeit, zum Beispiel Spazierenreiten, bevor das Pferd auf die Weide kommt. Die Pause dauert in der Regel zwischen drei und fünf Wochen, in denen das Pferd tagsüber auf der Weide ist, auch bei Regen.

Da sollte man nicht übervorsichtig sein. Wer Pferde in einem Offenstall beobachtet, wird feststellen, daß sie sich auch bei Sturm und Regen die meiste Zeit draußen aufhalten. Es ist gut, wenn das Fell wachsen kann. Und eine gewisse Abhärtung schadet nicht, im Gegenteil. Außerdem gibt es heute hervorragende Decken, die das Pferd auch bei Dauerregen vor Nässe schützen. Die Neuseelanddecken sind wasserdicht. Und wenn es sehr kalt ist, kann man noch eine dicke Decke darunterlegen.

LANGEWEILE

Kälte und Nässe sind nicht das Problem, eher schon Langeweile. Wir haben bei unseren Pferden beobachtet, daß sie sich nach drei, vier Wochen mental so gut erholt haben, daß sie wieder gearbeitet werden wollen. Ich stelle mir das so vor, daß ihnen die Ansprache fehlt. Denn die meiste Zeit des Jahres arbeiten wir mit ihnen Tag für Tag, kümmern uns beinahe von morgens bis abends um sie. Und plötzlich kommen sie vormittags auf die Weide und werden erst Stunden später wieder in den Stall geholt.

Dann kommt nach einiger Zeit der Punkt, an dem sie wieder ihre regelmäßige Ansprache fordern. Ein Zeichen kann sein, daß sie in die nächste Wiese springen, weil sie sich auf ihrer langweilen. Oder sie stehen plötzlich vorm Stall, als wollten sie sagen: Beschäftige mich! Man merkt einerseits, daß sie die körperliche und mentale Pause brauchen, aber man merkt andererseits auch, daß der Tag kommt, an dem sie wieder arbeiten wollen.

WINTERARBEIT

Die Winterarbeit beginnt in der Regel im November, nachdem die Pferde drei bis vier Wochen Urlaub hatten. In den ersten drei bis vier Wochen wird nur im Schritt spazierengeritten. Das machen oft die Pflegerinnen. Wer die Möglichkeit hat, in hügeliger Umgebung bergauf und bergab zu reiten, sollte das machen. Wichtig ist auch, auf wechselnden Bodenbelag zu achten, denn auf hartem Untergrund wie auf Straßen werden andere Bänder

VERLETZUNG VERHINDERT WEIDEGANG

Stellt der Tierarzt bei der Untersuchung nach der letzten Prüfung eine Verletzung fest, gibt er natürlich vor, wie die Winterpause gestaltet wird. Rät er beispielsweise dazu, ein Pferd mit einer Sehnenverletzung zwei oder drei Monate nur zu führen, weil es zu gefährlich wäre, es auf die Weide zu lassen, wo es sich unkontrolliert bewegt, würde ich es führen und damit erst aufhören, wenn der Arzt den Zustand für so stabil hält, daß auf der Weide nichts mehr passieren kann.

Ich gehe davon aus, daß der Tierarzt objektiv ist, objektiver, als ich es bin. Ich habe ja meinen Plan für das nächste Jahr schon ungefähr im Kopf und möchte ihn möglichst einhalten. Aber die Erfahrung zeigt, daß sich Geduld am Ende meistens auszahlt, auch wenn sie schwerfallen mag.

und Sehnen belastet als beim Reiten auf Gras oder Sand. Im Schritt ist das Verletzungsrisiko relativ gering, und das Pferd lernt, mit nicht optimalen Bodenverhältnissen, wie es sie später auch mal in der Prüfung vorfindet, zurechtzukommen. Bei schneller Arbeit im Trab oder Galopp sollte der Reiter allerdings auf optimale Bodenverhältnisse achten. Doch die steht zu Beginn der Winterarbeit noch nicht auf dem Trainingsplan.

▸ Der Jahresplan

Die Winterarbeit eignet sich gut, um an Grundsätzlichem zu arbeiten. Die sechs Punkte der *Skala der Ausbildung* dienen als Orientierung:

- Losgelassenheit
- Geraderichtung
- Anlehnung
- Durchlässigkeit
- Aufrichtung und
- Versammlung, auf die es allerdings bei jungen Pferden noch nicht ankommt.

In der Dressur werden nach dem Ausbildungsstand des Pferdes die Lektionen gefestigt oder verfeinert, die in der zurückliegenden Saison Probleme bereitet haben, oder ganz neue Lektionen gelernt. Bei Pferden, die ihre ersten M- oder S-Prüfungen gehen sollen, wären das zum Beispiel die Traversalen oder der fliegende Wechsel. In der ruhigen Zeit ohne den Streß der Prüfungen können sich die Pferde auch mental leichter darauf einstellen. In der Saison reicht es dann meistens aus, das im Winter Gelernte zu verfeinern.

Je nachdem wie sich das Pferd entwickelt, spätestens aber im Februar, sollte der Reiter einen Jahresplan aufstellen. Grundlage ist der Turnierkalender, in dem er sich zwei Saisonhöhepunkte aussucht, vielleicht auch nur einen, je nach Zeit und Ehrgeiz. Darum ist es auch sehr schwer, hier einen allgemein gültigen Jahresplan zu beschreiben.

Solange ich in Deutschland gelebt habe und fünf- oder sechsjährige Pferde deutscher Abstammung hatte, war für mich das Bundeschampionat immer ein Saisonhöhepunkt. Ich würde immer versuchen, mich dafür zu qualifizieren, am Bundeschampionat teilnehmen, und es bei einem Fünfjährigen damit gut sein lassen. Bei einem Sechsjährigen würde ich anschließend noch ein Ein-Sterne-CCI oder eine lange L-Prüfung reiten.

Das erste Ziel eines Reiters, der kein Interesse am Bundeschampionat hat, könnte es sein, am Ende des Frühjahrs eine L-Prüfung zu reiten. Im Sommer könnte dann als erster Höhepunkt eine lange L-Prüfung folgen, nach einer kürzeren Pause wieder alle zwei bis drei Wochen eine Kurzprüfung und zum Abschluß der Saison dann noch einmal eine lange Prüfung.

Ein erfahrener Reiter kann mit einem siebenjährigen Pferd, das sich im Laufe der Saison in kurzen M-Prüfungen gut gezeigt hat, sogar schon an ein Zwei-Sterne-CCI denken oder an eine lange M-Vielseitigkeit im Oktober. Voraussetzung dafür ist aber, daß das Pferd vom Kopf und von der Muskulatur her soweit ist, in Kurzprüfungen genügend Erfahrungen gesammelt hat und ein erfahrener Jockey im Sattel sitzt. Ein Amateur sollte das Jahr eher mit einer langen L-Prüfung oder einem Ein-Sterne-CCI ausklingen lassen.

PRÜFUNGSROUTINE

Habe ich meinen Saisonplan aufgestellt und die Vielseitigkeitsturniere ausgesucht, an denen ich teilnehmen will, würde ich schauen, welche Dressur- und Springturniere ich zwischendurch noch besuchen kann.

Wer es zeitlich einrichten kann, sollte zusehen, daß er möglichst an jedem Wochenende auf einem Turnier ist. Reiten muß ich mein Pferd ohnehin jeden Tag bis auf den einen Ruhetag, den ich ihm am sinnvollsten montags gönne. Solange ich in Deutschland lebte, habe ich das so gemacht und denke auch rückblickend, daß das gut war. Gut für meine Pferde, aber auch gut für mich. Denn ein Reiter, der nur an Vielseitigkeitsturnieren teilnimmt, ist verglichen mit Reitern, für die Turniere zum Alltag gehören, immer im Nachteil, weil er viel mehr Streß hat und auch viel mehr Druck empfindet.

ENGLAND IST ANDERS

In England ist die Situation anders. Dort gibt es so viele Vielseitigkeitsturniere, daß ich nicht zwischendurch noch an einem Spring- oder Dressurturnier teilnehmen muß. Bei den Vielseitigkeitsturnieren können wir auch statt für alle drei Teildisziplinen nur für Dressur und/oder Springen nennen, reiten dann allerdings außer Konkurrenz, aber unter Turnierbedingungen. Und genau das halte ich für sehr, sehr wichtig, weil jeder Turnierstart auf dem Konto Routine positiv zu Buche schlägt.

Je mehr Routine ein Reiter hat, desto sicherer ist er, läuft also nicht Gefahr, in Dressur oder Springen unnötig Punkte zu verschenken. Ich hoffe, ich trete niemandem zu nahe, wenn ich sage: Jeder durchschnittlich gute Reiter sollte in der Lage sein, das zu absolvieren, was bei uns in der Military bis hin zur schweren Klasse in Dressur und Springen verlangt wird. In der Dressur geht das auch bei schweren Prüfungen nicht über Anforderungen der Klasse M hinaus, im Springen nicht über L/M.

Ich weiß, wovon ich rede, wenn ich sage, daß es trotzdem nicht mit jedem Pferd einfach ist, die Anforderungen zu erfüllen. In der Dressur habe ich mit Spooky einen verdammt langen Weg zurückgelegt, war oft genug der Verzweiflung nahe. Und doch bleibe ich bei meiner Aussage, daß ein durchschnittlich guter Reiter nicht an der Dressur oder dem Springen scheitern sollte.

Die Schwierigkeit für Reiter und Pferd besteht in der Kombination aus diesen beiden Disziplinen mit dem Geländeritt, dem Kernstück unserer Disziplin. Dafür ist es sehr vorteilhaft, in England zu leben, weil sich hier die Besten der Welt messen und man damit immer genau weiß, wo man steht.

Grundsätzlich orientiert sich der Jahresplan an den Vorleistungen des Pferdes. So ist auch das Prüfungssystem aufgebaut. Wer am Drei-Sterne-Turnier in Luhmühlen teilnehmen will, muß eine Zwei-Sterne-Prüfung mit höchstens zwanzig Hindernisfehlern beendet haben. Mehr als eine Verweigerung darf nicht passiert sein. Am besten ist es, mit der Klasse zu beginnen, in der das Pferd im Jahr zuvor schon erfolgreich war. Erfolgreich heißt nicht, daß es gewonnen hat, sondern daß es mit den Anforderungen zurechtkam, nicht überfordert war und die Prüfung beendete.

Je nachdem wie die erste Prüfung im neuen Jahr verläuft und wieviel Erfahrung das Pferd schon hat, würde ich noch eine zweite Prüfung auf diesem Niveau reiten, um dem Pferd Sicherheit zu geben, mich im Training aber schon an der nächsten Klasse orientieren. Denn da will ich ja hin.

JEDES JAHR EINE KLASSE MEHR

Die Ausbildung eines Vielseitigkeitspferdes erfordert Geduld. Mit fünf Jahren kann es im Regelfall seine ersten A-Prüfungen gehen, sechsjährig dann L, siebenjährig M und achtjährig S. So geradlinig kann, muß die Ausbildung aber natürlich nicht verlaufen. Wenn der Reiter mit seinem Pferd anfängt, also selbst noch keine Erfahrung in schwereren Prüfungen hat, sollte er sich auf keinen Fall unter Druck setzen. Nur wenn beide dem jeweils höheren Niveau gewachsen sind, macht ein Start Sinn.

Die Winterarbeit in Dressur und Springen sollte sich in

jedem Fall an den Anforderungen der nächsten Klasse orientieren. Von A nach L heißt das: In der Dressur ist der Außengalopp zu üben, das Rückwärtsrichten und andere schwierige Lektionen, die den Unterschied von A nach L ausmachen. Am besten ist es, wenn Reiter und Pferd an einigen Hallenturnieren teilnehmen und sich so im Springen und in der Dressur schon mal an das höhere Niveau herantasten. Außerdem bringt das die schon mehrfach erwähnte Prüfungsroutine. Je selbstverständlicher und lockerer der Reiter an Dressur und Springen herangeht, desto weniger Gedanken muß er sich um diese beiden Prüfungsteile machen und kann sich ganz auf den Geländeritt konzentrieren.

Vom Jahres- zum Trainingsplan

Beim Trainingsplan denkt man am besten in wöchentlichen Einheiten. An einem abwechslungsreichen und vielseitigen Training haben Pferd und Reiter mehr Spaß.

Vor langen Prüfungen werden die Pferde im Durchschnitt zweimal in der Woche längere Strecken im Gelände galoppiert, am Berg oder auf der Flachen. Darum herum werden der Ruhetag und die Tage für das Dressur- und Springtraining in den Wochenplan eingebaut. Der Plan ist immer nur ein Gerüst, an das sich der Reiter nicht sklavisch halten sollte. Hat er zum Beispiel im Dressurtraining sein Ziel nicht erreicht, ist es besser, einen weiteren Dressurtag einzulegen, auch wenn eigentlich Springen auf dem Programm gestanden hätte.

FLEXIBEL AUF PROBLEME REAGIEREN

Wenn ein Pferd vorübergehend empfindlich im Rücken ist, muß ich das Training nicht ganz unterbrechen. Ich kann es häufiger nur mal longieren. Dabei wird der Rücken weniger belastet. Oder ich reite es zweimal am Tag eine halbe Stunde statt einmal am Tag eine Stunde und verteile so die Belastung.

Auch beim Reiten selbst kann ich etwas tun. Ist das Pferd fest im Rücken, reite ich es lang und tief und verzichte für eine Weile auf die Aufrichtung. Beim Lang-und-tief-Reiten kann sich der Rücken entspannen. Habe ich das Gefühl, daß mein Pferd durch sehr intensives Training den Spaß an seiner Arbeit verloren hat und vielleicht sogar im Kopf blockiert ist, reite ich ein paar Tage nur spazieren, suche mir vielleicht Wege aus, bei denen es aufpassen muß, wohin es tritt, und wecke so seine Aufmerksamkeit neu. Was ich mache, hängt immer sehr vom Pferd ab. Wertvolle Tips kann oft auch der Physiotherapeut geben. Auf Vorschlag unserer Physiotherapeutin haben wir vor allem die jungen Pferde in der Winterarbeit vermehrt longiert und über Stangen traben lassen, um feste Muskeln zu lockern.

Natürlich können auch die Gesundheit oder die Befindlichkeit des Pferdes Abweichungen vom Plan notwendig machen. Ein Pferd, das hustet, ein warmes Bein hat, das auf eine leichte Entzündung hindeuten kann, oder das sich einfach nicht richtig wohl fühlt, sollte man nicht galoppieren, sondern nur spazierenreiten oder einen Tag ganz in Ruhe lassen.

Während ein erfahrener Reiter intuitiv das Richtige tun wird, sollte sich ein unerfahrener Reiter nicht scheuen, im Zweifelsfall seinen Trainer, den Tierarzt oder einen erfahrenen Kollegen um Rat zu fragen.

▸ Mein Fitneßplan für die Pferde

Mit jüngeren Pferden oder auch mit Pferden, die mit der Vielseitigkeit anfangen, machen Andrew und ich gar kein echtes Galopptraining. Wie schon im Kapitel »Das Springtraining« beschrieben, lassen wir unsere Pferde sehr häufig, etwa zweimal wöchentlich, in einer Achterfigur zunächst über eine am Boden liegende Stange galoppieren. Mit Hilfe unserer Plastikblöcke steigern wir die Höhe langsam bis auf 70, 80 Zentimeter. Durch dieses Training arbeite ich neben vielen anderen Dingen wie

- rhythmischer galoppieren
- Durchlässigkeit = Kontrolle am Sprung
- Richtungswechsel = fliegender Wechsel über dem Sprung

auch wesentlich an der Fitneß der Pferde. Sie galoppieren je nach Trainingsstand zwei bis drei Minuten, bevor in einer kurzen Pause der Sprung höher gemacht wird oder ich das Pferd einfach für eine kleine Weile verschnaufen lasse.

Besonders die jungen Pferde lernen auf diese Art sehr schnell, ihr Gleichgewicht über Hindernissen zu behalten, was später im Gelände von sehr großer Bedeutung ist. Durch das Galoppieren über die Stange bekommen die Prenovice– (= E–A) und Novice– (= A–L)Pferde genügend Fitneß für die Prüfung, weil wir sie außerdem am Berg traben und viel Schritt am Hang reiten.

Bei jungen Pferden muß man die Arbeit am Berg allerdings sehr vorsichtig dosieren. Zuviel »Bergarbeit« kann zu einer Überbelastung der Gelenke in den Hinterbeinen führen. Sie machen viel schneller schlapp. Die Muskeln können dann den Körper nicht entsprechend unterstützen, wodurch Sehnen und Bänder überanstrengt werden. Darum muß man diese Arbeit langsam über kurze Strecken anfangen und vorsichtig steigern.

Hat man keine Berge in seiner Umgebung, kann, ja sollte man ab und zu verladen, um in hügeligen Gelände trainieren zu können, oder mit seinem Pferd längere Trabintervalle beim Spazierenreiten im Gelände einlegen. Die Pferde bauen so eine solide Grundfitneß in zwei Gangarten auf. Zwischen die Trabreprisen lassen sich gut einige Galoppeinheiten einfügen, die ich allerdings noch nicht als Galopptraining bezeichnen würde.

Für den ganz unerfahrenen Reiter ist es wichtig, daß er vor der ersten Prüfung ein Tempogefühl entwickelt. Das geht nur auf einer abgesteckten Strecke. Im Idealfall ist das ein Rundkurs, auf dem er sich eine bestimmte Meterzahl absteckt, zum Beispiel 500 oder 1000 Meter. Diese Strecke sollte man zunächst in einem ruhigen Tempo reiten, also 400 Meter pro Minute. Mit seiner Stoppuhr, die er am Arm trägt, kann der Reiter alle 100 Meter prüfen, wie er in der Zeit liegt.

Um ein Gefühl für die Geschwindigkeit zu bekommen, wird das Tempo schrittweise auf 450 m/min, 500 m/min, 550 m/min gesteigert.

Es ist ratsam und auch sicherer, die ersten Prüfungen etwas langsamer zu reiten, sich ganz auf das Überwinden der Hindernisse zu konzentrieren und nicht gleich im Rennbahngalopp über die Sprünge zu fegen. Schnelles Reiten kommt mit wachsender Routine und Sicherheit von ganz allein.

Ab Intermediate (= L-M) galoppieren wir unsere Pferde einmal wöchentlich am Berg, und zwar 800 bis 1000 Meter ein- bis zweimal hoch. Gehen die Pferde Advanced-Prüfungen (= S), galoppieren wir sie zweimal wöchentlich am Berg, aber auch nicht mehr als 800 bis 1000 Meter und höchstens zweimal hoch. Selbst vor langen S-Prüfungen galoppieren wir nicht wesentlich mehr.

KONDITION DURCH PRÜFUNGEN

Eines möchte ich auch an dieser Stelle noch einmal ganz deutlich sagen: Unsere Pferde starten von Mitte März an jedes zweite Wochenende in einer Vielseitigkeitsprüfung. Kein Konditionstraining ist so effektiv wie das Reiten von Turnieren. Prüfungen bewirken mit Blick auf die Fitneß wesentlich mehr als jedes Training zu Hause.

Darum können wir es uns erlauben, weitaus weniger zu galoppieren, als ich es zuvor in Deutschland getan habe. Das Prüfungsangebot ist aber auch in Deutschland erheblich besser als früher, gerade im unteren Bereich, so daß jeder genügend Startmöglichkeiten hat.

GRUNDSÄTZLICHES ZUM FITNESS-TRAINING

Ich galoppiere immer im Springsattel und immer mit relativ kurzen Bügeln, das heißt, meine Bügel sind mindestens zwei Loch kürzer als im Gelände. Auf diese Weise arbeite ich an meinem Sitz, an der stabilen Lage meiner Unterschenkel und daran, mein Gewicht im Fußgelenk – nicht im Knie! – abzufedern. Beim Pferd achte ich darauf, daß alle vier Beine rundum geschützt sind, benutze je nach Wetter Geländegamaschen oder -bandagen.

Ich galoppiere am Berg und auf der Flachen. Am Berg galoppiere ich schneller, aber auf einer kürzeren Distanz. Am liebsten lasse ich mein Pferd den Berg in seinem Tempo attackieren. Die meisten Pferde entwickeln Ehrgeiz und wollen schnell nach oben. Bei einem »Schlaftier«, das lieber gemütlich hochbummelt, nutze ich den Herdentrieb aus und reite hinter einem anderen Pferd her.

Auf der Flachen lasse ich mein Pferd länger, dafür etwas langsamer galoppieren. Wieviel ich galoppiere, hängt vom Pferd ab. Pferde mit hoher Grundkondition galoppiere ich weniger als Pferde, die noch Kondition aufbauen müssen. Ein Vollblüter muß nicht soviel galoppieren wie ein Pferd mit einem höheren Warmblutanteil.

Bei jüngeren, unerfahrenen Pferden fange ich vorsichtig an. Natürlich hängt der Trainingsumfang auch von der Prüfung ab, die ich als nächstes reiten will. Für Kurzprüfungen auf A- oder L-Niveau galoppiere ich meistens nur einmal in der Woche und dann nur am Berg. Die Prüfungen, mindestens alle zwei Wochen eine, beziehe ich in das Training ein.

Zu Hause reite ich auch viel Schritt und Trab am Berg, bevor ich mit der Dressurarbeit anfange oder Springen übe. Dadurch arbeite ich auch bei den jungen Pferden täglich an der Kondition, selbst wenn ich nur einmal in der Woche galoppiere.

Leider läßt sich die Arbeit am Berg nur schwer kompensieren, im Grund nur dadurch, daß man das Pferd länger reitet. Man kann dann vor der Dressur- oder Springarbeit ins Gelände reiten und zum Beispiel zweimal fünf Minuten mit einer kurzen Pause dazwischen traben, wenn möglich auf unterschiedlichen Belägen. Beim Galopptraining muß man auf das alte Intervalltraining zurückgreifen, wenn man keine Berge hat. Am Anfang galoppiert man zweimal drei Minuten mit einer einminütigen Pause und steigert das von Woche zu Woche. Mit den Intervallen werden auch die Pausen länger.

Der Nachteil auf der Flachen ist, daß ich mehr galoppieren muß und dadurch die Pferdebeine stärker belaste. Auch darum ist man dazu gekommen, heute viel mehr als früher die Prüfungen in das Fitneß-Training einzubeziehen. Wie schnell ich in den einzelnen Prüfungen reite, richtet sich auch nach den Bodenverhältnissen.

Die Auswahl der Prüfungen hängt davon ab, welche Saisonhöhepunkte man sich setzt, einen oder zwei. Danach richtet sich auch der Umfang des zusätzlichen Fitneßtrainings.

Für die Vorbereitung auf eine lange Prüfung braucht man sechs bis acht Wochen intensiven Aufbautrainings, in das man mehrere Ein-Tages-Prüfungen einbauen sollte.

INTERVALLTRAINING

Andrew und ich sind in der glücklichen Lage, sehr hügeliges Gelände zu haben, in dem wir traben und galoppieren können. Anders als Reiter, die in einer flachen Gegend leben, können wir auf das herkömmliche Intervalltraining verzichten. Wer im Flachland lebt, muß sicherlich darauf zurückgreifen. Dabei bleibt es jedem überlassen, ob er nach Minuten oder Metern galoppiert. Das hängt auch von den örtlichen Gegebenheiten ab.

Galoppiert man nach Minuten, würde ich mit zweimal zwei Minuten und einer einminütigen Pause dazwischen beginnen. In Metern wären das zwei mal 800 Meter, ebenfalls mit einer Minute Pause. Gesteigert wird jedes zweite Mal, wobei zunächst das erste Intervall um 30 Sekunden bzw. 200 Meter verlängert wird, dann das zweite Intervall.

Ich persönlich gehe nie an die Meter- oder Minutenzahl der Prüfung heran, sondern bleibe im Training immer darunter. Wie schon erwähnt, geben die Prüfungen den Pferden genügend Konditionsschübe.

Es ist sicherlich wesentlich effektiver, am Berg zu galoppieren. Das Pferd muß sich deutlich mehr anstrengen, Herz und Lungen müssen richtig arbeiten. Aber auch auf der Flachen läßt sich sinnvoll Kondition aufbauen, wenn man zusätzlich das Tempo ein wenig variiert, kürzere Spurts einlegt, beispielsweise 100 bis 200 Meter im 600 m/min.-Tempo galoppiert und dann wieder auf 450 bis 500 m/min. zurückgeht. Auch das richtet sich nach der Anforderung der bevorstehenden Prüfung.

Dieses Kapitel hat mir recht große Bauchschmerzen bereitet. Ich möchte nicht den Eindruck erwecken, »Bettina galoppiert so gut wie gar nicht mit ihren Pferden«. Andrew und ich galoppieren sehr wohl, arbeiten allerdings auch sehr intensiv in der Dressur und im Springen.

Zwischen Bewegen und Reiten ist der Unterschied riesengroß. Er macht meiner Meinung nach den Unterschied aus zwischen einem Pferd, das fit ist, und einem, das nicht fit ist.

Die Intensität der täglichen Arbeit (mit genügend Entspannungspausen zwischendurch) trägt ganz entscheidend zur guten

Kondition eines Vielseitigkeitspferdes bei. Ich würde so weit gehen, sie durch ihre Mischung von harter und leichterer Arbeit und dem regelmäßigen Weidegang für zusätzliche Bewegung, körperliche und mentale Entspannung, ebenfalls als eine Art Intervalltraining zu bezeichnen.

▸ Die Fitneß des Reiters

Natürlich stand bei Lehrgängen auf Landes-, später auf Bundesebene abends Ausgleichssport auf dem Programm. Und da sind wir auch hingegangen, aber eigentlich nur, weil es erwartet wurde, weil man teilnehmen mußte.

Bei Lehrgängen in Warendorf geht man einmal in der Woche schwimmen und, wer will, anschließend in die Sauna. An den anderen Wochentagen wird nach einem kurzen Aufwärmtraining und Dehnungsübungen Volleyball oder Basketball gespielt.

Vor Atlanta, als immer wieder über die große Hitze und die Belastung für Pferde und Reiter gesprochen wurde, ist mir dann klargeworden, daß es gut wäre, etwas für meine Kondition zu tun und mehr ausgleichende Gymnastik zu betreiben, denn die Muskulatur wird beim Reiten doch sehr einseitig belastet. Die Beine sind immer angewinkelt, was zu Verkürzungen der Muskulatur vor allem im hinteren Beinbereich führt. Sehr viele Reiter haben im Oberschenkel Probleme mit den Adduktoren. Auch Schulter- und Nackenbereich sind Schwachstellen.

Also habe ich im Oktober 1995 angefangen, zweimal in der Woche zu joggen, und das auch bis zu den Olympischen Spielen durchgezogen. Außerdem habe ich Aerobic gemacht, um meine Fitneß zu steigern, und mir ein speziell auf mich abgestimmtes Dehnungsprogramm ausarbeiten lassen.

Im Idealfall müßte ich die Übungen täglich machen, und zwar morgens und abends. So konsequent wie mit meinen Pferden bin ich mit mir allerdings leider nicht. Ich wärme mich nicht immer auf, bevor ich mich in den Sattel setze. Aber Andrew und ich gehen, wenn wir es schaffen, zweimal in der Woche zum Aerobic.

Es muß nicht unbedingt Aerobic sein. Aber irgendeine ausgleichende Gymnastik wäre ideal. Nicht der Kondition wegen oder weil sie bei den Profis über Sieg oder Niederlage entscheidet, sondern eher mit Blick auf das Ende der sportlichen Karriere, weil der beim Reiten doch sehr einseitig belastete Körper einfach gesünder bleibt.

Der Rücken hat beim Reiten die Funktion eines Stoßdämpfers, muß also ganz schön viel aushalten und einstecken. Ich kann diese Belastung verringern, wenn ich etwas für die Muskelgruppen tue, die die Wirbelsäule umgeben. Und wenn ich richtig sitze, kommt das auch dem Pferd zugute. Unsere Physiotherapeutin hat sich auch uns im Sattel angesehen und dabei gewisse Haltungs- und Sitzfehler festgestellt. Ich zum Beispiel sitze nicht immer im Schwerpunkt, neige mehr zu einer Seite. Das kann auch ein Grund dafür sein, daß ein Pferd im Rücken fest wird.

Auch über meine Ernährung habe ich zum ersten Mal im Zusammenhang mit Atlanta nachgedacht. Bis heute fällt es mir schwer, genug zu trinken. Mindestens zwei Liter sollten es am Tag sein. Und beim Essen bin ich eine Katastrophe, weil ich ein Fan von Junk food bin –Hamburger und auch Pommes frites mit Ketchup und Majo sind meine Leidenschaft. Allerdings ernähre ich mich, seit ich in England bin, sehr bewußt. Wir essen kohlehydratreich und fettarm, viel Obst und Gemüse, Müsli und sehr wenig Süßes. Andrew und ich sind ja nicht dick. Aber es ist tatsächlich so, daß du dich körperlich wohler fühlst, wenn du dich gesünder und bewußter ernährst.

Auf dem Turnier

Der Transport

Es gibt Pferde, denen auch lange Fahrten zu einem Turnier nichts oder nur wenig ausmachen, die gut fressen und saufen, stallen und äppeln. Andere reisen schlecht, regen sich auf, stehen nicht still und bekommen als Reaktion manchmal auch Probleme im Verdauungsapparat.

In jedem Fall ist es wichtig, sich Gedanken um den Transport zu machen, denn er ist ein zusätzlicher Streßfaktor für die Turnierpferde.

AUSGERUHT AUF DIE REISE

An dem Tag, an dem eine längere Reise beginnt, reiten wir unsere Pferde nicht. Sie werden nur ein bißchen geführt. Wann immer es möglich ist, halten wir das bei der Rückfahrt genauso, obwohl da natürlich die Zeit meistens drängt und der letzte Turniertag auch der Tag der Abreise ist.

Wir versuchen dennoch, immer dafür zu sorgen, daß mindestens eine Stunde zwischen Turnierende und Transportbeginn liegt. Dann haben die Pferde wenigstens ein bißchen Zeit, um abzuschalten, können noch etwas fressen und saufen.

NUR KURZMAHLZEITEN

Während des Transports bekommen unsere Pferde nur Kurzmahlzeiten in sehr kleinen Portionen. Wir hängen ihnen zwischendurch immer mal für 20 bis 30 Minuten einen Heusack vor die Nase, damit sie etwas zum Knabbern haben. Bleibt von der Kurzmahlzeit etwas übrig, werfen wir den Rest weg und geben beim nächsten Mal frisches Futter, denn es ist nicht gut, wenn die Pferde über längere Zeit die Dämpfe aus dem Futter einatmen.

Man muß sich klarmachen, daß die Pferde auf dem Hänger oder Transporter nicht ausweichen können. Sie stehen die ganze Zeit vor dem Futter und müssen die Dämpfe einatmen. Darum nehmen wir es auf jeden Fall nach einer gewissen Zeit wieder weg.

VORSICHT, ALLERGIEN!

Der Tierarzt Dr. Karl Blobel, der die deutschen Militarypferde jahrelang bei Championaten betreute, hat eine Theorie aufgestellt, nach der Pferde, die stundenlang vor dem Heunetz oder nicht aufgefressenem Futter stehen, Allergien entwickeln oder zu Headshakern werden können. Mir hat das sofort eingeleuchtet. Darum achte ich peinlich genau darauf, daß meine Pferde nicht lange vor ihrem Futter stehen, sondern daß es regelmäßig entfernt wird.

WASSER

Während des Transports lassen wir unsere Pferde auch Wasser nur portionsweise trinken. Viele Pferde, auch »Spooky«, trinken während des Transports sehr schlecht. Nach der Ankunft am Turnierort oder während einer Zwischenstation muß man sie unbedingt zum Trinken bewegen. Dabei muß man aufpassen, daß sie genügend trinken. Andernfalls besteht die Gefahr, daß sie austrocknen.

Mit einem ganz einfachen Test kann man den Wasserhaushalt kontrollieren. Dazu mußt du die Haut am Hals sozusagen abziehen, also ein Stück Haut zwischen die Finger nehmen. Läßt du dann los, muß die Haut schnell wieder in ihren normalen Zustand zurückspringen. Bleibt die Falte länger stehen, ist das ein Zeichen dafür, daß das Pferd unterversorgt ist und man ausgleichen muß. Wir machen diesen Test auch manchmal während eines Turniers und sogar hin und wieder zu Hause.

DIE CHECKLISTE

Ich mache mir immer eine genaue Liste mit allem, was ich zum Turnier mitnehmen muß, damit beim Einpacken nichts vergessen wird.

Unter »Pferd« steht da u.a.:

- *Sättel*
- *Trensen*
- *Gamaschen*
- *Decken*
- *...unter »Reiter«:*
- *Helm*
- *Rückenschutz*
- *Uhr*
- *Reitsakko*
- *Stiefel*
- ...

Bei uns bleibt diese Liste in der Sattelkammer und wird zwischendurch ergänzt oder verkürzt. Auf diese Weise kann im Grunde jeder die Turnierkiste packen.

Die Geländebesichtigung

Je nachdem ob es sich um eine Kurzprüfung oder eine Drei-Tage-Prüfung handelt, besichtige ich das Gelände nur einmal oder öfter. In der Regel gehe ich meine Geländestrecke bei Kurzprüfungen einmal ab. Das mache ich allerdings erst so, seit ich in England lebe. Für häufigere Besichtigungen bleibt einfach nicht die Zeit, weil alles an einem Tag stattfindet und ich mir nicht die Mühe mache, machen kann, schon einen Tag vorher hinzufahren, um durchs Gelände zu gehen. Dazu kommt die Routine, die doch recht schnell wächst, wenn man so viele Prüfungen reitet wie ich.

Wenn du nur eine Besichtigung planst, hat das auch Vorteile. Du zwingst dich, dir den Kurs sofort sehr genau anzusehen, dich auf die Sprünge zu konzentrieren und sie dir einzuprägen. Nach Möglichkeit stelle ich mich in die Startbox (natürlich nur, wenn die Prüfung noch nicht begonnen hat) und gehe von dort aus los. Noch aus der Startbox heraus werfe ich einen Blick auf den ersten Sprung, um ihn in dem Winkel zu sehen, in dem er später auf mein Pferd und mich zukommt.

In jedem Fall versuche ich, die Strecke dort abzugehen, wo ich später auch reiten werde. Das heißt, ich gehe auch zwischen den Hindernissen auf der Strecke, um mir den Boden genau anzusehen. So kann ich mir Löcher oder andere Unebenheiten, matschigen oder schlechten Boden einprägen. Dann weiß ich genau, wie ich diese Stellen umgehen kann, um unrhythmisches Reiten oder gar Verletzungen zu vermeiden.

Anfängern würde ich unbedingt raten, auch bei Kurzprüfungen das Gelände mehr als nur einmal abzugehen, wenn möglich mit dem Trainer oder einem erfahrenen Reiter, der so etwas schon mal geritten hat. Der kann dann Tips geben, wie und wo die einzelnen Sprünge am besten anzureiten sind.

DER ERSTE EINDRUCK

Mir persönlich ist der erste Eindruck eines Hindernisses immer sehr wichtig. Und das hat auch einen Grund: Der erste Eindruck ist auch der, den das Pferd später hat. Das Pferd sieht die Sprünge in der Prüfung zum ersten Mal und weiß natürlich nicht, daß der Reiter die Strecke bis zu dreimal abgegangen ist.

Ich versuche also, mir den ersten Eindruck zu merken, auch wenn ich das Gelände bei großen Prüfungen mehrmals besichtige. Außerdem will ich herausfinden, an welcher Stelle das Hindernis am freundlichsten aussieht. Dort möchte ich es später anreiten.

Es kommt natürlich vor, daß ich meine Meinung später ändere, sei es, weil ich von anderen Reitern gehört habe, daß es auf einem anderem Weg besser geht, sei es, weil ich selbst beim zweiten oder dritten Abgehen der Strecke zu neuen Ergebnissen komme, nachdem mir Dinge aufgefallen sind, die ich beim ersten Mal nicht gesehen habe. Da ich die Geländestrecke bei Kurzprüfungen nur einmal abgehe, muß ich mich ganz stark konzentrieren, um möglichst alles sofort zu erkennen.

BERGAUF- UND BERGABSPRÜNGE

Beim Abgehen achte ich darauf, welche Sprünge bergauf, welche bergab zu überwinden sind. Vor Bergabsprüngen muß ich mein Pferd etwas mehr aufs Hinterbein bekommen und es vor dem Absprung noch einmal an die Hilfen stellen. Das gilt auch für die schmalen, technischen Sprünge wie Ecken und Adlerschwingen. Dazu muß ich schon vorher sicherstellen, daß ich mit meinen Hilfen beim Pferd durchkomme. Dann sind weder Bergauf- noch Bergabsprünge ein größeres Problem für mein Pferd und mich.

DIE LICHTVERHÄLTNISSE

Das Licht sollte jeder bei der Geländebesichtigung immer mit einkalkulieren. Darum gehe ich die Strecke bei langen Prüfungen mindestens einmal zu der Zeit ab, zu der ich später auch reiten muß, und wenn das nicht möglich ist, möglichst kurz vorher oder nachher.

Bei Sonnenschein kann den Lichtverhältnissen ein sehr entscheidender Einfluß zukommen. Das gilt vor allem für Sprünge vom Hellen ins Dunkle, wenn die Pferde also zum Beispiel von einer Wiese in einen Wald springen müssen. Dabei kommen alle Pferde sehr stark zurück. Steht an so einer Stelle eine Kombination, muß ich damit rechnen, daß der Weg zum zweiten Sprung, auch wenn er auf normaler Distanz steht, weiter werden kann, weil mein Pferd nicht so beherzt zuspringt wie bei gleichbleibendem Licht.

Um sich den Effekt für das Pferd klarzumachen, muß ich nur daran denken, wie es mir geht, wenn ich aus einem hellen in einen dunklen Raum komme. Meine Augen brauchen einen Moment, um sich an die Dunkelheit zu gewöhnen. Das ist schon so, wenn ich aus dem sonnigen Garten ins Haus gehe. Wenn unsere Pferde vom Hellen ins Dunkle springen müssen, wird ihnen in dem Moment auch noch eine Aufgabe gestellt: Sie sollen ein Hindernis überwinden. Dafür brauchen sie das volle Vertrauen in ihren Reiter. Er muß seinem Pferd die nötige Sicherheit geben und es ein wenig zusammenstellen.

ALTERNATIVEN ABGEHEN

Ich rate jedem dazu, sich beim Abgehen der Geländestrecke nicht nur den schweren, direkten Weg anzusehen, sondern auch die längeren, leichteren Alternativen. Denn es kann natürlich passieren, daß ich unterwegs meinen Plan ändere. Vielleicht hatte ich mir vorgenommen, überall den direkten Weg zu reiten. Aber mein Pferd ist müder, geht nicht so vorwärts, wie ich gedacht hatte, ist einfach nicht so gut drauf, und ich halte es darum für besser, die Alternativen zu nehmen. Oder mein Pferd springt besser als erwartet, und ich traue uns überall den direkten Weg zu, obwohl ich zunächst an die Alternativen gedacht hatte. In beiden Fällen ist es wichtig, daß ich alle Wege über die Sprünge kenne.

KOMBINATIONEN UND HINDERNISFOLGEN

Wenn ich beim Abgehen der Geländestrecke an eine Kombination oder eine Hindernisfolge komme, verschaffe ich mir zunächst einen Überblick darüber, was genau verlangt wird. Dann überlege ich, wo ich die einzelnen Sprünge anreiten will. Erst danach schreite ich die Distanzen zwischen den Elementen ab, um sie auszumessen, damit ich genau weiß, wie viele Galoppsprünge mein Pferd machen kann, ob sie groß oder eher klein sein müssen, ob ich auf gebogener Linie vielleicht die Möglichkeit habe, meine Distanz noch etwas zu verändern.

Auf diese Details achte ich aber erst, nachdem ich mir einen Gesamtüberblick verschafft habe. Ich sehe mir erst jedes einzelne Hindernis genau an und dann meine Linie. Bei erfahrenen Pferden werde ich versuchen, einen möglichst schnellen Weg zu reiten, um nicht unnötig viel Zeit zu verlieren. Habe ich ein junges, unerfahrenes Pferd, würde ich einen längeren, zeitraubenden Weg in Kauf nehmen. Oft wird dadurch die Aufgabe für das Pferd klarer, und es versteht in dem Moment besser, was ich von ihm möchte.

ABSPRUNG- UND LANDESTELLE

Ich habe schon erwähnt, daß ich die Strecke möglichst dort abgehe, wo ich später reiten werde. Besonders genau sehe ich mir die Absprung- und Landestellen an. Das sind die Stellen, an denen das Pferd die meiste Kraft verbraucht oder, anders gesagt, die ich möglichst so aussuchen sollte, daß der Boden gut ist, damit das Pferd nicht rutscht oder unsicher wird. Gerade bei schlechtem Wetter suche ich nach Wegen und Stellen mit festem, stabilem Boden, der auch bei einem Start im hinteren Teil des Feldes noch Halt bietet.

Junge Pferde sind durch schlechte Bodenverhältnisse schnell zu verunsichern. Aber auch ältere Pferde können Angst bekommen, wenn sie beim Absprung oder bei der Landung rutschen und – sei es nur für einen Moment – keinen Halt unter den Hufen finden. Wenn irgend möglich, versuche ich, meinem Pferd solche Erfahrungen zu ersparen.

Denn selbst wenn das Pferd den Sprung überwunden hat, kann ein schlechter Absprung oder eine schlechte Landung ihm das Selbstvertrauen nehmen und damit den weiteren Verlauf der Prüfung negativ beeinflussen.

DER GÜNSTIGSTE PUNKT

Nicht jedes Hindernis läßt sich am besten in seiner Mitte überwinden. Es gibt Sprünge, die ich schräg anreiten muß, zum Beispiel wenn das nächste Hindernis im rechten Winkel folgt. Bei der Geländebesichtigung versuche ich mir vorzustellen, an welcher Stelle des Hindernisses mein Pferd wohl am besten darüberspringt, wo seine Chancen am größten sind und wo es mir persönlich am sympathischsten erscheint. Das ist mir wichtiger, als den Sprung in der Mitte zu treffen.

Anders ist das bei sehr schmalen Hindernissen oder Ecken. Da steht mir nur eine gewisse Breite zur Verfügung, über die mein Pferd einen optimalen Sprung produzieren kann. Wenn mir nur eineinhalb Meter zur Verfügung stehen, sollte ich das Hindernis natürlich nicht auf den letzten zehn Zentimetern zu treffen versuchen. Da sollte ich dann schon die Mitte anpeilen, die aber auch in diesem Fall nicht die Mitte des Sprunges sein muß.

HINDERNISSE MIT WASSER

Vor allem junge Pferde neigen in der Regel dazu, ins Wasser zu gucken und stark zurückzukommen. Das muß ich beim Abgehen im Kopf haben, um danach die Stelle auszusuchen, an der ich ins Wasser reite oder springe. Meistens ist es so, daß ich während der Prüfung vor einem Wasser etwas mehr Druck machen muß. Das geht am besten, wenn ich das Pferd schon vorher an die Hilfen gestellt habe und ich selbst mit meinen Beinen gut am Pferd bin. Denn ich muß auch bedenken, daß mein Pferd sich stark auf das Wasser und kaum auf den Sprung davor konzentriert.

Den Lichtverhältnissen kommt beim Wasser eine große Bedeutung zu. Bei Sonnenschein kann der Spiegeleffekt sehr groß sein. Bei Sprüngen im Wasser, bei denen das Pferd im Wasser abspringt und auch wieder landet, Inseln, auf die es aufspringen muß oder überdachten Brücken spielen die Lichtverhältnisse eine sehr große Rolle. Bei den Olympischen Spielen in Atlanta gab es eine überdachte Brücke, die für die Paare, die morgens dran waren, kein Problem war. Die Pferde konnten die Aufgabe, die ihnen gestellt wurde, gut sehen. Am Nachmittag war alles grau in grau und die Pferde konnten nur schwer erkennen, was sie machen sollten.

Ich möchte die Bodenverhältnisse im Wasser kennen und gehe entweder hinein, um vor allem an den Absprungstellen festzustellen, ob der Boden fest ist, oder ich schaue mir ein paar Pferde am Wasser an.

DIE OPTIMALE LINIE

Eine Ecke reite ich am besten auf einer schnurgeraden Linie an. Dann ist die Gefahr, daß mir das Pferd vorbeiläuft, am geringsten. Diese Linie sehe ich mir beim Abgehen der Geländestrecke genau an. Auch bei Hindernissen, die ich schräg anreiten muß, und bei Hindernisfolgen ist die Linie sehr wichtig. Bei Hindernisfolgen reite ich den ersten Sprung so an, daß ich eine optimale Distanz zwischen den Hindernissen habe.

Adlerschwingen zählen zu den technischen Sprüngen und bedürfen darum besonderer Konzentration. Das gilt vor allem dann, wenn auf eine Adlerschwinge ein Graben oder ein Wasser folgt. Dann muß ich mir eine besonders gute Linie suchen und später in der Prüfung daran denken, nach jedem Sprung meine Linie zu überprüfen. Das geht nur, wenn mein Pferd sehr gut an den Hilfen steht. Nur dann kann ich die Linie korrigieren.

TREPPEN UND BILLARDS

Bei einem Billard mit hoher Kante muß ich schon beim Abgehen des Geländes daran denken, daß ich in der Prüfung mein Pferd dicht an die Kante heranreite. Dabei muß ich es zusammenhalten, damit es nicht losspringt wie bei einem normalen Oxer, sondern nach oben springt. Die Landestelle ist höher als die Absprungstelle. Darum muß das Pferd seine Füße zum Landen früh genug wieder ausklappen. Die Verbindung zum Pferdemaul muß sehr stabil sein.

Bei Treppen ist zu beachten, daß sie sehr viel Kraft kosten. Bei drei Treppen sollte die Distanz zwischen den einzelnen Treppen nicht viel mehr als 2,5 Meter betragen. Das scheint auf den ersten Blick sehr wenig, weil ein normaler Galoppsprung zwischen 3,5 und 4 Meter lang ist. Aber weil die Pferde nicht so weit nach vorne, sondern nach oben springen, ist es unglaublich wichtig, jeweils nahe an die Kante heranzukommen und die Beine fest am Pferd zu haben, damit die Pferde auch noch auf die letzte Treppe springen.

Ganz allgemein gilt, daß der erste Sprung, auch wenn er noch so einladend gebaut sein mag, als genauso schwer anzusehen ist wie alle folgenden. Das gilt auch für den letzten Sprung. Ich habe schon zu viele Reiter am letzten Sprung fallen sehen, weil sie vielleicht noch Zeit gutmachen wollten. Auch mir ist das schon passiert. Darum nehme ich auch leicht aussehende Sprünge ernst, selbst wenn ich weiß, daß mein Pferd sie schon zigmal ohne Probleme überwunden hat. Hochmut kommt vor dem Fall, sagt ein Sprichwort, an dem hier buchstäblich viel Wahres ist.

Wenn ich mir das Gelände zum ersten Mal ansehe, gehe ich nach dem letzten Sprung grundsätzlich durchs Ziel. Wie die meisten Reiter bin auch ich ein bißchen abergläubisch. Und mir hat mal jemand gesagt, wer beim Abgehen nicht durchs Ziel geht, sieht es später in der Prüfung auch nicht. Darum gehe ich beim ersten Mal grundsätzlich durchs Ziel.

WECHSELNDER UNTERGRUND

In einer langen Prüfung macht ein Bodenwechsel weniger aus. In kurzen Prüfungen kann es beim Übergang von Gras auf Sand oder Schotter vielleicht mal eine kleine Rhythmusstörung geben. Wenn die Geländestrecke von einer Straße gekreuzt wird, kann es sein, daß mein Pferd versucht darüberzuspringen, weil es sie für einen Graben hält. Das sollte ich im Hinterkopf haben, mich darauf innerlich einstellen, damit ich nicht überrascht bin und meinen Rhythmus verliere. Wenn so eine Straße nicht in Verbindung zu einem Hindernis steht, würde ich meinem Pferd die Entscheidung überlassen, wie es sie überquert. Folgt ein Hindernis, muß ich mehr am Pferd bleiben, damit es sich auf meine Hilfen konzentriert und nicht auf den Weg guckt.

DIE RENNBAHN

Wie oft ich eine Rennbahn abgehe, hängt davon ab, ob ich sie kenne. In Luhmühlen zum Beispiel gehe ich die Rennbahn nur einmal ab und dann noch ein-, zweimal in Gedanken. Dort bin ich so oft gewesen, daß ich alles doch schon sehr genau kenne. Bei Prüfungen, die ich noch nie geritten habe, gehe ich die Rennbahn zur Not auch zweimal ab, das Gelände dreimal.

DIE WEGESTRECKEN

Die meisten Teams halten es so, daß sie die Wegestrecken gemeinsam abfahren. Dort, wo ich noch nie gewesen bin, versuche ich, mir die Wegestrecke später noch einmal vom Auto aus anzusehen, um sicherzustellen, daß ich mich nicht verreite. Denn nichts ist ärgerlicher, als wenn ich plötzlich den Weg nicht mehr weiß.

NOTIZEN

Für meine ersten großen Prüfungen habe ich mir in der Geländeskizze des Programmheftes Notizen zu den einzelnen Sprüngen gemacht. Ich habe meinen ersten Eindruck vom Sprung festgehalten, habe mir aufgeschrieben, wo ich den Sprung anreiten möchte, und das wenn nötig später auch noch mal abgeändert. Am Abend vor der langen Prüfung habe ich mir meine Notizen noch einmal angesehen. Mit geschlossenen Augen bin ich den ganzen Kurs in Gedanken einmal durchgegangen.

Bei sehr schweren und für mich wichtigen Prüfungen mache ich das sogar heute noch manchmal. Allerdings schreibe ich nichts mehr auf, sondern nutze die Zwangspause, um mir die Geländeskizze aus dem Programmheft noch einmal anzusehen und die einzelnen Sprünge in Gedanken einmal durchzugehen, bevor ich wieder aufsitze.

DAS MESSRAD

Beginnend mit langen Prüfungen der Klasse L ist es sinnvoll, die Strecke beim ersten Mal mit dem Meßrad abzugehen, um sie genau auszumessen. Wer kein eigenes Meßrad hat, leiht sich eines von einem Kollegen. Bei offiziellen Turnieren und bei Championaten hat der Bundestrainer ein Meßrad dabei, wenn wir den Kurs zum ersten Mal ansehen.

Es ist gut zu wissen, ob der Aufbauer des Geländes knapp oder großzügig gemessen hat, ob er die Strecke etwas kürzer oder länger gemacht hat als im Programm ausgeschrieben. Ist sie kürzer, kann ich langsamer reiten, ist sie länger, muß ich mich sputen.

MINUTEN-PUNKTE

Bei langen Prüfungen ist es üblich, Geländestrecke und Rennbahn in Minutenabschnitte einzuteilen. In langen S-Prüfungen beträgt das Rennbahntempo 690 Meter/Minute, in M sind es 660 Meter/Minute, in L 640 Meter/Minute. Auf der Rennbahn merke ich mir die entsprechenden Punkte, bei einer langen S nach 690, 1380 und 2070 Metern, um genau zu wissen, wo ich nach einer Minute sein muß, wo nach zwei, drei. Meine Stoppuhr hilft mir bei der Kontrolle unterwegs.

Auch meinen Geländeritt teile ich mir ganz genau nach Minuten ein und merke mir bereits beim ersten Abgehen markante Punkte am Rande der Strecke. Das kann ein Baum sein. In Burghley waren es mal die Toilettenhäuschen. Auf diese Punkte achte ich bei den folgenden Besichtigungen, um sie mir genau einzuprägen. An diesen Minuten-Punkten orientiere ich mich während des Rittes, um zu wissen, wie ich in der Zeit liege.

Das Abreiten für die Dressur

Bei Eintagesprüfungen versuche ich immer, möglichst früh am Veranstaltungsort zu sein. Besonders nervöse Pferde brauchen oft ein wenig länger, um sich an die neue Umgebung zu gewöhnen. Außerdem habe ich als Reiter genug Zeit, alles zu organisieren, die Nummern abzuholen (in England), die Startbereitschaft zu erklären (in Deutschland), eventuell das Gelände zu besichtigen, ohne Hektik die Stollen einzudrehen und das Pferd fertig zu machen.

Bei langen Prüfungen über drei Tage reite ich nervöse Pferde auch manchmal zweimal ab, wenn ich nachmittags dran bin

Ich lege großen Wert auf den äußeren Eindruck. Mein Pferd und ich sollen ordentlich aussehen. Das Einflechten ist Sache der Pfleger, aber manchmal flechte ich meine Pferde auch noch selbst ein.

also schon einmal morgens. Aber das mache ich nur, wenn ich Bedenken habe, daß es im Viereck sonst nicht klappt. Denn das zusätzliche Abreiten verbraucht Kraft, die ich lieber für den Geländeritt aufspare.

ZEIT LASSEN

Wenn ich mit dem Abreiten beginnen, lasse ich dem Pferd noch mehr Zeit als gewöhnlich, sich im Schritt alles anzusehen. Ich kann diese Zeit nutzen für Small talk oder ein kurzes Gespräch mit dem einen oder anderen Reiter. Dabei kann ich mich zum Beispiel über die Geländestrecke informieren, falls ich sie noch nicht angeguckt habe. Die weiteren Phasen des Abreitens verlaufen dann im Grunde so wie das Training zu Hause. Das Pferd ist wie der Mensch irgendwie auch ein Gewohnheitstier. Je stärker ich vom Üblichen abweiche, desto mehr Hektik und Streß kommen auf.

NUR KEINEN KAMPF

Ich beobachte oft und wundere mich, daß Reiter auf dem Abreiteplatz irgendwelche wilden Aktionen starten, wodurch die Vorbereitung manchmal in einen Kampf ausartet, weil Lektionen geübt werden, die vorher entweder nicht trainiert wurden oder nie gut geklappt haben.

Das halte ich für völlig falsch und kann es mir nur mit der Nervosität eines unerfahrenen Reiters erklären oder mit mangelnder Konzentration. Ebenso wie für mein Training zu Hause sollte ich auch fürs Abreiten einen genauen Plan haben, mir also im klaren sein, was ich erreichen möchte und wie ich dahin komme.

Erstes Ziel ist es, mein Pferd durchlässig und losgelassen zu

Unten: Im Trab lasse ich das Pferd erst mit längerem Hals gehen, damit es sich löst. Erst dann beginne ich, es mehr zu versammeln. Die Tritte werden ausdrucksvoller, das Genick ist der höchste Punkt.

Oben links: Manchmal benutze ich Schulterherein dazu, mein Pferd anschließend besser geradezurichten.

Oben rechts: Unsung Hero hat sehr genau verstanden, was ich von ihm will, und geht schnurgerade.

machen. Lektionen, die ihm schwerfallen, sollte man ganz vermeiden, wenn sie in der Aufgabe nicht vorkommen. Werden sie dort verlangt, konzentriere ich mich auf die vorbereitenden Lektionen, achte darauf, daß sie sauber gelingen und versuche erst dann, die für mein Pferd noch schwierige Lektion zu reiten. Merke ich, daß an dem Tag gar nichts geht, das Pferd zum Beispiel den fliegenden Wechsel nicht springt, versuche ich gar nicht erst, ihn in der Aufgabe auszuführen, nehme den Punktabzug bewußt in Kauf. Pferde merken sich sehr genau und sehr schnell, welche

Schwungvoller Arbeitsgalopp

Lektion mit Streß verbunden ist und wo sie vielleicht ungerecht gestraft wurden. Die Problemlektion nehme ich mir dann in Ruhe zu Hause vor, versuche aber nicht, sie auf dem Turnierplatz noch »ins Pferd zu kriegen«.

Ganz wichtig finde ich es, genau wie im Training zu Hause auch beim Abreiten auf dem Turnier genügend Schrittpausen einzulegen, damit sich das Pferd zwischendurch mental und körperlich entspannen kann. Darum reite ich in den letzten Minuten vor dem Start nur noch einfache Lektionen, die ihm leichtfallen und seine Konzentration auf meine Hilfen fördern. Das sind in erster Linie Übergänge innerhalb einer Gangart.

Kurz bevor ich ins Viereck muß, gehe ich die Aufgabe noch einmal in Gedanken durch. Dann sind wir, mein Pferd und ich, bereit für den Start.

▸ Der Geländeritt

FÜTTERN UND TRÄNKEN

Schon einige Tage bevor wir zum Turnier fahren, fangen wir an, beim Tränken dem Wasser Elektrolyte zuzusetzen. Das hat mehrere positive Effekte. Einmal schmeckt jedes Wasser etwas anders, und manche Pferde reagieren darauf sehr empfindlich, trinken schlecht, wenn sie das Wasser nicht mögen. Das kann ich durch die Zugabe von Elektrolyten weitgehend verhindern, weil damit jedes Wasser mehr oder weniger gleich schmeckt.

Wie schon im Kapitel über die Haltung des Pferdes erwähnt, tränken wir unsere Pferde immer aus Eimern. Das behalten wir auch auf den Turnieren bei. Dort, wo in den Boxen Selbsttränken sind, stellen wir diese ab, weil wir durch den Eimer besser kontrollieren können, daß das Pferd genügend trinkt.

Vier Stunden vor dem Start ins Gelände dürfen die Pferde keine volle Mahlzeit mehr bekommen. Um Magen und Darm etwas zu beschäftigen, gebe ich noch ein bißchen Heu und ein bißchen Wasser, beides aber auch nicht mehr in der letzten Stunde vor dem Start.

Angenommen, ich muß um neun Uhr morgens am Start der ersten Wegestrecke sein, dann muß mein Pferd vor fünf Uhr gefüttert sein. Eine leichtverdauliche Kurzmahlzeit, so zusammengesetzt, wie es das gewohnt ist, sollte es in jedem Fall bekommen.

Pferden, die wie meine auf Papierschnitzeln oder auf Spänen stehen, sollte man zwischendurch noch mal eine Handvoll Heu geben, damit sie etwas zu knabbern haben und ihr Magen-

Darm-Trakt auf eine angenehme Art beschäftigt ist. Allerdings sollte er nicht mit der Verdauung größerer Mengen belastet werden. Pferde, die auf Stroh stehen, brauchen kurz vor der Prüfung kein Heu mehr.

»Spooky« – mit sich und der Welt zufrieden stärkt er sich nach getaner Arbeit.

DIE ERSTE MAHLZEIT NACH DEM GELÄNDE

Andrew und ich gehen davon aus, daß das Pferd nach dem Gelände seine Kräfte braucht, um sich zu regenerieren. Darum füttern wir zunächst gerne etwas sehr leicht Verdauliches, meistens etwas Mash-Ähnliches, eine etwas süßliche Mischung aus aufgekochtem Leinsamen, Kleie, Melasse, die das Pferd gerne frißt. Heute gibt es Fertigprodukte, die mit kochendem Wasser angemischt werden. Auch das füttern wir aber erst etwa zwei Stunden nach dem Ende der Geländeprüfung.

Um das zu ersetzen, was an Mineralien und Spurenelementen verbraucht worden ist, geben wir unseren Pferden nach einer Prüfung gerne einen sogenannten Energy-Booster, eine von verschiedenen Firmen angebotene, schnell wirkende Mischung, die neben Mineralien und Spurenelementen auch Vitamine enthält.

Macht das Pferd klar, daß es schon vorher etwas zu fressen haben möchte, bieten wir ihm etwas Heu an. Der natürliche Impuls zu fressen ist grundsätzlich positiv zu bewerten. Er ist ein Zeichen dafür, daß der Kreislauf des Pferdes in der Prüfung nicht überbeansprucht wurde. Oder umgekehrt: Will ein Pferd nach einer Prüfung bei extremer Hitze, wie sie bei den Weltreiterspielen in Den Haag 1994 oder bei den Olympischen Spielen in Atlanta 1996 herrschte, nicht fressen, ist das meistens ein Zeichen dafür, daß es stark ausgetrocknet ist. Eventuell muß auch der Tierarzt helfen, den Kreislauf wieder in Gang zu bringen.

Auch die zweite Mahlzeit nach dem Geländeritt sollte noch leicht verdaulich sein. Zwischendurch bekommt das Pferd kleine Rationen Heu.

TRÄNKEN NACH DEM GELÄNDE

Meine Pferde werden zunächst etwa zwanzig Minuten geführt, damit die Atmung sich wieder weitgehend beruhigt. Erst dann bekommen sie etwa einen drittel Eimer zu trinken. In Fünf-Minuten-Abständen folgen dann weitere kleine Portionen. Ließe ich das Pferd sofort soviel trinken, wie es will, wäre die Gefahr groß, daß es zu einer Kolik kommt. Darum ist es wichtig, daß das Pferd in Abständen von etwa fünf Minuten jeweils etwa drei Liter trinken darf, und das so lange, bis es nichts mehr trinken will.

ABREITEN FÜR DEN GELÄNDERITT

Bei langen Prüfungen gehe ich direkt aus der Zwangspause ins Gelände. Anders ist es bei Kurzprüfungen. Sie werden meistens an einem Tag abgehalten. Aber weil mein Pferd schon Dressur und Springen gegangen ist, brauche ich es auf das Gelände nicht lange vorzubereiten. Es reicht, wenn ich zwanzig, besser noch fünfzehn Minuten vor meinem Start aufsitze. Ich reite ein bißchen Schritt und Trab, galoppiere etwas.

Dabei mache ich mein Pferd nicht so rund wie bei der Vorbereitung auf die Dressur oder das Springen, sondern reite es in etwas höherer Haltung. Ich selbst mag es lieber, wenn mein Pferd im Gelände die Nase etwas höher nimmt. Das gibt mir das Gefühl, daß ich es reell vor mir habe. Trotzdem reite ich natürlich einige Übergänge, lege einige Male zu.

Dann nutze ich die Vorbereitungssprünge, sei es ein Baumstamm oder ein Steilsprung, und springe sie einige Male aus etwas höherem Tempo. Bei der Vorbereitung aufs Gelände springe ich nie aus dem Trab, sondern immer aus einem etwas schnelleren Galopp. Bei Pferden, die schön nach vorne springen, höre ich nach einigen Sprüngen auf. Ist das Gefühl nicht so gut, liegt es oft am fehlenden Rhythmus, und mein Pferd braucht vielleicht noch ein paar Sprünge.

DIE STARTBOX – FÜR MANCHE PFERDE EIN PROBLEM

Mein Pferd ist für den Start ins Gelände vorbereitet, seine Muskulatur gewärmt und gelockert. Ich habe ein paar Sprünge gemacht. Bei Pferden, die keine grundsätzlichen Schwierigkeiten beim Start haben, halte ich mich nur in der letzten Minute, die mir angesagt wird, im Bereich der Startbox auf. Bis dahin bleibe ich im Abreitebereich.

Ich gehe am liebsten sehr spät in die Startbox, weil ich nicht möchte, daß mein Pferd die positive Spannung verliert, die ich während der Vorbereitung aufgebaut habe. Ich möchte aber auch nicht in der Startbox herumreiten, sondern dort nur wenige Sekunden stehen und dann losreiten.

Andrew und auch andere Reiter machen es meistens anders. Sie reiten einige Male in ruhigem Schritt in die Startbox hinein und wieder heraus, bleiben nur in den letzten fünf, sechs Sekunden stehen und galoppieren dann los.

Weil dadurch beim Pferd nicht das Gefühl aufkommt: Jetzt aber Achtung!, kann ich auf diese Weise Streß vermeiden. Ich mache es mit der Startbox vertraut, während ich es in Bewegung

DIE STARTBOX

Eine feste Größe ist für die Startbox nicht vorgeschrieben. Sie sieht auch auf jedem Turnier anders aus. Mal ist sie höher, mal niedriger eingezäunt, manchmal kaum als Box zu erkennen. Immer aber ist die Startbox der Bereich, aus dem heraus das Pferd über die Startlinie galoppiert. In dem Moment, in dem es sie überquert, beginnt die Zeitnahme für die Querfeldeinstrecke. Das heißt, die Uhr fängt an zu laufen.

halte. Und, auch das ist ein Vorteil, ich merke früh, ob mein Pferd an diesem Tag vielleicht Probleme mit der Startbox hat und ich meinen Pfleger brauche, um es hineinzuführen.

MANCHE PFERDE MÜSSEN ÜBERLISTET WERDEN

Als ich Watermill Stream bekam, wußte ich, daß er extreme Startschwierigkeiten hatte, schnell überdrehte und nur schwer dazu zu bewegen war, in die Startbox zu gehen. Darum habe ich zusammen mit meiner Pflegerin ein System entwickelt. Wir haben einen Strick lose durch einen Gebißring geführt. An diesem Strick hat sie ihn in kleinen Zirkeln um sich herumgeführt. So haben wir uns der Startbox genähert.

Auch in der Startbox lief »Spooky« weiter um sie herum. Erst nachdem die letzten Sekunden abgezählt waren, hat sie den Strick durch den Trensenring gleiten lassen, und ich bin im Schritt aus der Box geritten. Aus dem Schritt bin ich dann angetrabt, dann angaloppiert und dann war das erste Hindernis meistens auch schon da. Das heißt, ich habe mir am Anfang sehr viel Zeit gelassen beim Starten, um Watermill Stream den Streß zu nehmen.

Ich kann heute ganz normal in die Startbox reiten und starten. Allerdings ist meine Pflegerin immer in greifbarer Nähe. Es hat aber einige Jahre gedauert, bis Watermill Stream das zugelassen hat.

AUF DER RENNBAHN

Beim Abgehen der Rennbahn mit einem Meßrad habe ich mir die Minuten-Punkte gemerkt. Ich weiß genau, wo ich bei Minute eins, zwei und drei sein muß, um in der Idealzeit von vier Minuten ins Ziel zu kommen.

Auf der ersten Wegestrecke gehe ich diese Punkte noch einmal im Geiste durch, während ich 220 Meter pro Minute traben muß. Das heißt, ich habe viereinhalb Minuten für jeden Kilometer. Um mich zu kontrollieren, sehe ich regelmäßig auf die Uhr. Ansonsten gibt es bei der ersten Wegestrecke wenig zu beachten.

Ich reite meine erste Wegestrecke so, daß ich mindestens noch zwei Minuten Zeit habe, bis ich auf die Rennbahn muß. Am Start ist mein Pfleger, denn ich möchte vielleicht meinen Steigbügel noch kürzer machen, den Sattelgurt nachziehen, das Gebiß, bei einem Pelham oder einer Springkandare die Kinnkette kontrollieren können. Dabei hilft mir der Pfleger.

Die ersten einhundert Meter nach der Startbox gehe ich zwar zügiger an als beim Start ins Gelände. Aber ich lasse mei-

TROTZ GOLDMEDAILLE VERMANAGT

Weil Watermill Stream in der Startbox meistens ziemlich nervös ist, drücke ich meine Stoppuhr gewöhnlich in dem Moment, in dem der Starter anfängt zu zählen. Er zählt fünf, vier, drei, zwei, eins, ich drücke meine Uhr also bei fünf.
Bei der Europameisterschaft in Burghley war »Spooky« ungewöhnlich ruhig. Dadurch vergaß ich, bei fünf zu drücken, habe die Uhr erst bei der Zahl zwei in Gang gesetzt, bin aber in Gedanken mit meinen fünf Sekunden losgeritten und habe die Differenz nicht berechnet. Normalerweise wäre ich drei Sekunden unter der Zeit im Ziel gewesen, war aber eine Sekunde drüber. Ich habe mich also gründlich vermanagt. Und das war besonders ärgerlich, denn diese Sekunde hat mich den Sieg gekostet. Die Europameisterschaft war eine offen ausgeschriebene Prüfung, und Mark Todd hat sie ganz knapp vor mir gewonnen. Die Goldmedaille konnte er als Neuseeländer mir aber glücklicherweise nicht nehmen.

nem Pferd doch Zeit, in seinen Atemrhythmus zu kommen. Ich entwickle mein Tempo also nach vorne, nehme zur Not in Kauf, daß ich am ersten Minuten-Punkt einige Sekunden später ankomme. Spätestens am zweiten muß ich aber so viel Zeit eingeholt haben, daß ich möglichst drei, vier Sekunden, bevor die zwei Minuten um sind, dort bin, um später etwas Spielraum zu haben.

Ich versuche, möglichst gleichmäßig zu galoppieren, weil ich es nicht gut finde, wenn ich am Ende noch sehr stark zulegen muß, um in der Zeit zu bleiben. Aber ich mag es auch nicht gerne, wenn ich am Anfang viel zu schnell bin und dann vor dem Ziel langsam reiten muß, um die Zeit nicht zu sehr zu unterschreiten. Das heißt, ich galoppiere bis zum Zwei-Minuten-Punkt etwas schneller, um ihn etwas früher zu erreichen, und danach in dem Minutentempo, nach dem die Idealzeit bemessen wurde. Bei Drei- und Vier-Sterne-CCIs also 690 m/min, bei Zwei-Sterne-CCIs 660 m/min und bei Ein-Stern-CCIs 640 m/min.

DIE ZWEITE WEGESTRECKE

Das Ziel der Rennbahn ist bei einer langen Prüfung zugleich der Start für die zweite Wegestrecke. Ich lasse mein Pferd ausgaloppieren. Meistens gibt es einige hundert Meter nach Ziel und Start einen sogenannten Checkpoint, manche sagen auch Pflegestopp, an dem Reiter und Pferd kurz verschnaufen können.

Dort ist ein Schmied, und dort steht auch mein Pfleger. Beide kontrollieren schnell, ob die Eisen und Stollen noch richtig sitzen oder ob man einige Stollen nachziehen muß. Je nach Wetter schwammt der Pfleger das Pferd vielleicht ganz kurz ab und zieht anschließend sofort das Wasser mit dem Schweißmesser ab. Ich trinke vielleicht ein paar Schluck, und dann geht es weiter.

Ich bin bemüht, möglichst schnell in meinen Rhythmus zu kommen, um die Zeit, die ich durch den Halt verloren habe, wieder wettzumachen. Ich mag es gerne, wenn ich so gut in der Zeit liege, daß ich die letzten etwa einhundert Meter vor dem Ziel der zweiten Wegestrecke noch mal kurz Schritt reiten kann. Das bringt den Puls des Pferdes richtig herunter, der, wie die Atmung, in der Zwangspause vom Tierarzt kontrolliert wird. Untersuchungen haben ergeben, daß sich Atmung und Puls während dieser einhundert Meter Schritt gut erholen und die Pferde mit besseren Werten in die Zwangspause kommen.

Allerdings sollte man auf jeden Fall im Trab durch das Ziel der Wegestrecke reiten. Man sagt, daß man am besten auf den letzten 30 Metern bis zum Ziel trabt. Denn die Richter dort wollen sehen, ob das Pferd gleichmäßig trabt und nicht lahmt. Passiere ich das Ziel im Schritt, müßte ich vor den Richtern noch einmal antraben. Das möchte ich mir ersparen.

DIE ZWANGSPAUSE

Mit dem Ziel der zweiten Wegestrecke erreiche ich zugleich die Zwangspause. Dort erwartet mich mein Pfleger. Er hält das Pferd, ich sitze ab. Der offizielle Tierarzt mißt die Körpertemperatur sowie die Herz- und Atemfrequenz meines Pferdes. Gibt er das Pferd frei, weil die Werte in Ordnung sind, waschen wir das Pferd mit einem Schwamm ab.

Wichtig ist, daß die Zügel trocken bleiben, damit sie mir nachher im Gelände nicht durch die Hände rutschen. Entweder nehmen wir sie vom Hals, oder wir umwickeln sie mit einem Handtuch.

Bei großer Hitze kann die Körpertemperatur des Pferdes Fieberwerte erreichen, bei 41, 42 Grad liegen und wird dann eventuell ein zweites Mal gemessen. Ist sie auch beim zweiten Messen immer noch zu hoch, kann das das Aus für den weiteren Wettbewerb bedeuten.

Für das Abwaschen des Pferdes empfiehlt es sich, zwei Leute zu haben, einen, der schwammt, einen, der das Wasser sofort mit dem Schweißmesser abzieht. Das Pferd wird also nur kurz erfrischt und dann wieder geführt. Bliebe das Wasser auf dem Körper des Pferdes, hätte das den gegenteiligen Effekt. Das kalte Wasser nähme die Körpertemperatur an, erwärmte sich also.

In der Zwangspause, auf die der Geländeritt folgt, darf ich mein Pferd nicht ganz herunterkühlen. Denn das Blut soll ja in Wallung bleiben für die Q-Strecke, die zehn Minuten später beginnt.

Bei kälterem Wetter schütze ich die Nierenpartie des Pferdes mit einer ganz leichten Decke. So kann ich einem Verschlag oder einer Erkältung vorbeugen. Einen Eimer, Wasser, ein Schweißmesser, bei Hitze Eis und eine Decke müssen also parat sein, bei Regen eine atmungsaktive Regendecke.

LETZTE KONTROLLEN

Die Zwangspause dient auch dazu, die Eisen noch einmal zu kontrollieren. Hat es während der Prüfung angefangen zu regnen, brauche ich vielleicht längere Stollen. Natürlich habe ich alles dabei, was eventuell ersetzt oder ausgetauscht werden muß: Stollen in jeder Länge, Ersatzzügel, -bügel und -bügelriemen, einen neuen Sattelgurt und einen Übergurt, eine zusätzliche Trense, Gebisse zur Auswahl, einen Satz Gamaschen und für mich ein Paar Handschuhe, eine Gerte, einen Satz Sporen sowie einen Ersatzsturzhelm. Den Sturzhelm sollte ich mir vor dem Start auf die Q-Strecke noch einmal genau ansehen, vor allem den Kinnschutz. Geht der im Gelände kaputt, zum Beispiel weil er reißt, darf ich nicht weiterreiten und muß die Prüfung beenden.

DIE STRECKE IM GEISTE DURCHGEHEN

Ist das Pferd versorgt, was möglichst schnell gehen sollte, wird es vom Pfleger geführt, während ich mir eine stille Ecke suche. Dort setze ich mich auf eine Decke oder einen Stuhl. Nach Möglichkeit habe ich eine Skizze mit der Geländestrecke vor mir. Mit geschlossenen Augen gehe ich die Strecke noch einmal im Geiste durch, stelle mir vor, wo ich die einzelnen Sprünge anreiten will, wo meine Minutenpunkte sind, die ich beim Abgehen ausgemessen habe.

Bei ganz großen, wichtigen Prüfungen wie Meisterschaften ist der Trainer dabei. Mit ihm bespreche ich kurz den Verlauf der Prüfung, welche Hindernisse besonders problematisch erscheinen. Daraus kann sich ergeben, daß ich meinen ursprünglichen Plan ändern und statt des direkten Weges die Alternative nehmen muß. Oder aber es hat sich herausgestellt, daß sich der schwere, direkte Weg besser reitet, als wir zunächst angenommen haben, und es sich darum empfiehlt, ihn zu nehmen. Ist kein Trainer dabei, kann ich diese Fragen kurz mit anderen Reitern besprechen, die den Kurs schon beendet oder genau verfolgt haben.

Mich interessiert immer auch die Zeit: Sind Reiter ohne Zeitstrafpunkte ins Ziel gekommen, wenn ja, wie viele? Oder hat es bislang noch keiner geschafft, in der Zeit ins Ziel zu kommen? An welchen Stellen wird Zeit verloren? Wo muß ich mehr Zeit einplanen, um zum Beispiel nicht zu riskieren, daß mein Pferd an einem schmalen Sprung vorbeiläuft? Ich bin gerne möglichst genau über den Verlauf der Prüfung informiert.

GLEITCREME SCHÜTZT BRUST UND BEINE

Vier Minuten vor Ablauf der Zwangspause setze ich mich wieder aufs Pferd. Erst jetzt trägt mein Pfleger die Gleitcreme, zum Beispiel Vaseline, auf, während ich die Zügel hochhalte. Sie dürfen nicht mit der Creme in Berührung kommen, weil sie dann rutschig werden. Der Pfleger schmiert die Brust, die Vorderseite der Vorderbeine von der Schulter an und die Vorderseite der Hinterbeine, beginnend am Kniegelenk, ein.

Die Gleitcreme hilft, Verletzungen der Haut zu verhindern. Denn, wie der Name schon sagt, läßt sie mein Pferd, sollte es unterwegs an einem Sprung aufkommen oder anschlagen, doch noch hinübergleiten.

Ist die Gleitcreme aufgetragen, mache ich mein Pferd etwas wach (bei langen Prüfungen gibt es keinen Vorbereitungssprung in der Zwangspause) und reite in Richtung Startbox.

Gut gecremt geht es auf die Q-Strecke.

IM ZWEIFEL ZURÜCKZIEHEN

Die Zwangspause dient dazu, den Zustand des Pferdes zu überprüfen. Selbst wenn der Tierarzt keinen Grund zur Beanstandung sieht, kann der Reiter natürlich entscheiden, daß er sein Pferd zurückzieht, wenn er das Gefühl hat, das wäre besser. Ich habe das auch schon gemacht.

Das muß nicht immer direkt mit dem Pferd zusammenhängen. Es kann auch sein, daß sich das Wetter extrem verschlechtert hat, es zum Beispiel sehr stark regnet und Reiter, die das Gelände schon hinter sich haben, erzählen, an manchen Stellen sei es bodenlos. Dann würde ich auch sagen: Feierabend. Ich ziehe mein Pferd zurück.

In Atlanta, das muß ich an dieser Stelle einfach noch einmal sagen, hätte ich die Prüfung sehr gerne nach der zweiten Wegestrecke beendet, Olympia hin oder her. Die deutsche Mannschaft, das habe ich ja schon erwähnt, hatte keine Chance mehr, eine Medaille zu gewinnen. Darum hätte ich Watermill Stream am liebsten zurückgezogen und eine andere lange Prüfung, in diesem Fall Burghley, geritten. Aber das letzte Wort lag beim Bundestrainer. Und der entschied, daß ich reiten sollte.

BEIM TEMPO ZÄHLT MEIN GEFÜHL

Sind Sprung eins bis drei überwunden, ich habe meinen Rhythmus gefunden, mein Pferd fühlt sich gut an, und die Strecke läßt sich gut reiten, versuche ich, im Gelände die Bestzeit einzuhalten, also keine Strafsekunden für Zeitüberschreitung zu kassieren.

Wenn ich aber merke, daß mein Pferd nicht seinen besten Tag erwischt hat, oder wenn es noch nie vorher eine Prüfung mit so hohen Anforderungen gegangen ist - das kann in A, L, M oder S sein – , drücke ich nicht aufs Tempo, sondern nehme mir die Zeit und reite so, wie ich es für richtig halte. Dann kommt es mir nicht auf eine vordere Placierung an, sondern darauf, daß mein Pferd eine gute Erfahrung macht, auf der ich aufbauen kann.

NACH DEM GELÄNDERITT

Ich lasse mein Pferd nach dem Ziel immer ausgaloppieren und pariere vom Galopp möglichst schnell zum Schritt durch. Das hat einen ganz simplen Grund. Hat sich das Pferd im Gelände vertreten, und sei es auch nur ganz leicht, oder hat es ein Eisen verloren, kann es im Trab schnell lahm aussehen. Darum trabe ich im Zielraum möglichst nicht, um Richter oder Tierarzt nicht auf falsche Gedanken zu bringen, die mir in der Verfassungsprüfung am nächsten Morgen unnötige Probleme bereiten könnten.

Im Ziel ist immer ein Tierarzt, der den Gesamtzustand des Pferdes beurteilt, Herzschlag und Atmung kontrolliert und je nach Wetter auch die Temperatur mißt.

Ich sitze immer möglichst schnell ab. Solange die Reiter noch gewogen wurden, mußten wir zur Waage reiten. Das ist zusammen mit dem Mindestgewicht abgeschafft worden. Ich

Besonders nach der Prüfung ist es wichtig, daß das Pferd sich entspannt. Turnier soll ja nicht gleichbedeutend mit Streß werden.

steige also schnell ab. Mein Pfleger führt das Pferd etwa ein oder zwei Minuten, nimmt ihm den Sattel und die Bandagen ab, dreht, wenn der Weg zum Stall weit ist, die Stollen aus den Eisen heraus und schwammt es ab. Dieses Mal so lange, bis sich das Wasser nicht mehr durch die Körperwärme erhitzt.

Das Abkühlen ist auch bei niedrigeren Temperaturen wichtig. Durch Andrew, vor allem aber auch durch Atlanta, habe ich in diesem Punkt viel gelernt. Australier haben durch die klimatischen Verhältnisse dort viel mehr Erfahrung. Und die besagt, daß es nicht gut ist, das Pferd bei kühlerem Wetter dick einzudecken, weil es dann nicht abkühlen kann. In den meisten Fällen reicht eine leichte oder eine Fliegendecke völlig aus, denn die Körpertemperatur ist auch nach dem Abschwammen immer noch so hoch, daß das Pferd nicht kalt wird, vorausgesetzt, es steht nicht lange herum, sondern wird in Bewegung gehalten, also geführt.

Ich lasse meine Pferde nicht nur so lange führen, bis sich die Atmung wieder normalisiert hat, sondern etwa eine Stunde lang nach dem Gelände. Das hat einen guten Grund: Erst wenn das Pferd steht, produzieren die Muskeln Laktat in größerer Menge, werden also übersäuert. Und selbst wenn die Muskeln schon übersäuert sind, das Pferd aber langsam bewegt wird, setzt sich das Laktat nicht fest, sondern wird gleich wieder abgebaut, und es kommt nicht zu starkem Muskelkater.

Nach dem Führen wäscht der Pfleger das Pferd richtig ab, um den Schmutz zu entfernen, führt es trocken und versorgt es anschließend.

Dabei gilt die Aufmerksamkeit vor allem den Beinen des Pferdes. Sie waren im Gelände besonders beansprucht. Gleich nach dem ersten Abschwammen, also noch in der Nähe des Ziels, legen wir sogenannte Kühlgamaschen an. Davon gibt es verschiedene Ausführungen. Einige haben Kühlpacks, die man ins Eisfach des Kühlschrankes legt, bei anderen Modellen werden die ganzen Gamaschen in Eiswasser gekühlt.

Auch im Stallbereich werden die Beine weiter gekühlt. Das hilft gegen leichtere Prellungen oder kleinere Blutergüsse. Wichtig ist dabei, zwischendurch Pausen einzulegen, in denen die Temperatur der Beine sich auf den normalen Wert erhöht. Erst wenn der erreicht ist, wird wieder gekühlt. Zu große Kälte kann wie zu starke Hitze zu Verbrennungen führen. Damit würde genau das Gegenteil bewirkt, denn in dem Moment, in dem die Kühlung ganz aufhört, würde das Blut in die Beine schießen, Bluterguß oder Prellung würden verstärkt.

Für die Nachtruhe bandagieren wir die Beine. Bei älteren

Pferden benutzen wir manchmal Pasten oder Salben (Enelbin oder Phlogestan). Früher wurden die Pferde stundenlang geführt. Das macht man heute nicht mehr. Wir nehmen unsere Pferde zwischen 21 und 22 Uhr noch einmal aus dem Stall, führen sie ein bißchen und lassen sie dann antraben, um zu sehen, wie sie sich fühlen.

DIE PHYSIOTHERAPIE

Steht das Pferd abgewaschen und trockengeführt im Stall, kommt die Physiotherapeutin und schaut es an. Im Idealfall ist der Tierarzt dabei, der Vorschläge macht, wie kleinere Prellungen oder Blutergüsse zu behandeln sind.

Die Physiotherapeutin macht die Dehnungsübungen, die das Pferd kennt. Sie stellt aber auch fest, ob ein Muskel gezerrt ist. Sollte das der Fall sein, würde die Zerrung behandelt, mit Eis, Laser, speziellen Dehnungsübungen. So eine Behandlung kann sich bei wichtigen langen Prüfungen unter Umständen lange hinziehen. Solange das im Stall passiert, ist das auch erlaubt. Innerhalb einer bestimmten Zeit darf man das Pferd aber nicht aus dem Stall ziehen, meistens ist zwischen 23.00 und 05.00 Uhr Nachtruhe.

Mich stört das nicht. Ich finde es ohnehin wichtig, daß die Pferde die Möglichkeit bekommen, zu schlafen und sich wirklich auszuruhen. Darum bin ich dafür, daß die Behandlung nach einer reellen Nachtruhe notfalls sehr früh am Morgen fortgesetzt wird.

In manchen Fällen setzen wir auch eine Magnetpulsdecke ein, die ähnlich wie eine Reizstrommassage wirkt und Heilungsprozesse beschleunigt. Der Körper wird aufgewärmt. Dadurch entspannen sich die Muskeln. Aber wir haben festgestellt, daß sich das Pferd unter so einer Decke auch mental entspannt.

DIE LETZTE VERFASSUNGSPRÜFUNG

Früh genug vor der letzten Verfassungsprüfung holen wir die Pferde am Halfter aus dem Stall, führen sie etwas und lassen sie dann einmal traben. Ist alles in Ordnung, reicht es völlig aus, sie nur eine halbe Stunde zu führen. Danach werden sie einmal durchmassiert und gestretcht. Dann flicht der Pfleger die Mähne ein, und eine halbe Stunde vor der Verfassungsprüfung holen wir sie aus dem Stall.

Hat sich beim Traben eine leichte Unregelmäßigkeit oder Lahmheit gezeigt, ziehe ich meinen Tierarzt und meine Physiotherapeutin zu Rate, um genau festzustellen, was es ist. Geht der Tierarzt von einer harmlosen Geschichte aus, die seiner Meinung nach nicht bedeutet, daß ich auf das Springen verzichten muß, wird sie noch einmal behandelt, ein gezerrter Muskel beispielsweise mit Eis. Manchmal ist es sinnvoll, daß Pferd ein bißchen zu reiten, um eine Steifheit zu lockern.

Vor einer besonders schwierigen Entscheidung steht der Reiter, wenn das Pferd vermutlich die letzte Verfassungsprüfung bestehen würde, der Tierarzt aber vom Springen abrät, weil er befürchtet, die Verletzung könnte dadurch größer werden. In einem solchen Fall würde ich auf meinen Tierarzt hören und dem Richtergremium mitteilen, daß ich mein Pferd zurückziehe und es nicht mehr in der Verfassungsprüfung vorstelle. Das ist zwar hart, aber mit Blick auf künftige Einsätze meistens der bessere Weg.

AUCH AUF DIE ERSCHEINUNG KOMMT ES AN

Mich wundert immer wieder, wie viele Reiter in der Verfassungsprüfung einen schlechten Eindruck hinterlassen, sei es, weil sie ihre Pferde nicht richtig vorstellen, sei es, weil sie selbst und/oder das Pferd auf deutsch gesagt schlampig daherkommen.

Es ist sowohl für die erste als auch für die zweite Verfassungsprüfung unheimlich wichtig, daß das Pferd top gepflegt aussieht. Das fängt bei der eingeflochtenen Mähne, dem glänzenden Fell und den eingefetteten Hufen an und hört beim Sattelzeug, in diesem Fall bei der Trense, auf.

Auch der Reiter sollte auf sein Äußeres achten. Wer aussieht, als käme er gerade aus dem Bett, ungekämmt ist und sein Pferd in einer schmutzigen Jeans und dreckigen Schuhen vorführt, macht nicht nur einen sehr schlechten Eindruck. Er verhält sich schlicht unsportlich, weil der Auftritt vor den Richtern in der Verfassung ein Teil der Prüfung ist.

Es muß nicht unbedingt der Anzug oder das Kostüm sein, in dem der Reiter auftritt, obwohl ich sehr oft ein Kostüm anziehe, entweder das, das zum Mannschafts-Outfit gehört, oder ein eigenes. Aber wer einen nachlässigen Auftritt für cool hält, hat in unserem Sport nichts zu suchen.

DAS VORTRABEN

Ich habe oft den Eindruck, daß Reiter ihr Pferd zum ersten Mal in einer Verfassungsprüfung an der Hand vortraben. Das ist mehr als dumm, denn das kann und sollte man vorher zu Hause üben. Dadurch gewöhnt sich das Pferd daran, neben mir herzutraben. Außerdem kann ich ihm beibringen, wie es richtig steht. Es soll still und gerade stehen, zu den Richtern hin offen. Weil die Richter meistens auf der rechten Seite stehen, sollte das rechte Vorderbein leicht nach vorne, das rechte Hinterbein leicht nach hinten gestellt sein.

Der Tierarzt geht einmal um das Pferd herum. In dieser kurzen Zeit sollte es möglichst ruhig stehen. Aus eigener Erfahrung weiß ich, daß das nicht jedes Pferd macht. Watermill Stream zum Beispiel ist immer ganz furchtbar aufgeregt und steht schlecht.

Beim Vortraben versuche ich, möglichst nah am Pferd zu laufen, möglichst in der Nähe der Schulter, um meine Hand unter dem Hals halten zu können. Das Pferd sollte gerade neben mir hertraben und auch den Kopf gerade halten. Viele Pferde gucken zur Seite, und weil sie über die Schulter laufen, sehen sie lahm aus, obwohl sie nicht lahm sind.

Das kann ich vermeiden, wenn ich es zu Hause ein paarmal übe. Außerdem hat das den entscheidenden Vorteil, daß ich dabei auch das Tempo kennenlerne, in dem mein Pferd am besten auf der Straße, auf hartem Boden, trabt. Vollblüter machen das ohnehin nicht gerne und gehen darum oft sehr kurz, mit sehr kleinen Schritten.

Zu Hause kann ich das richtige Tempo herausfinden. Der Tierarzt muß nicht dabeisein. Aber wenn er ohnehin da ist, kann ich die Gelegenheit nutzen und ihm mein Pferd vortraben, damit er seinen Eindruck wiedergibt. Das kann aber auch jeder andere Beobachter machen.

Sind sich die Richter im Zweifel über den Gesundheitszustand des Pferdes, können sie es in die »Holding Box« schicken (siehe Kasten Seite 12). In diesem Fall heißt es für den Reiter schlicht: Nerven bewahren. Das ist, wie ich aus eigener Erfahrung nur zu gut weiß, ziemlich schwer. Aber man muß es trotzdem versuchen.

Für das Verhalten in der Holding Box habe ich trotz meiner nervenaufreibenden Erfahrung bei der Europameisterschaft in Burghley keine Tips. In der letzten Verfassung gehörte »Spooky« zu den Pferden, die beim ersten Mal nicht passierten. Darum wurden wir in die Holding Box geschickt. Machen kannst du da eigentlich gar nichts, man sollte allerdings versuchen, selbst so ruhig wie eben möglich zu bleiben. Dein Pferd kannst du führen und noch einige Male antraben, um vielleicht ein besseres Tempo zu finden. Überhaupt solltest du dein Pferd in Bewegung halten. Aber du darfst es nicht behandeln, nicht einmal mit Eis.

Jeder muß für sich selbst entscheiden, ob er sein Pferd den Richtern noch einmal vorstellt oder es in der Holding Box zurückzieht.

DIE ROLLE DER TIERÄRZTE

In der eigentlichen Verfassungsprüfung hat der Tierarzt nicht das Recht, das Pferd anzufassen. Er geht nur außen herum und sieht nur offensichtliche Sachen wie Abschürfungen, Risse oder Beulen.

Für die Holding Box ist ein anderer Tierarzt zuständig. Und der darf das Pferd auch untersuchen, es anfassen, mit der Hand die Beine abtasten, an der einen oder anderen Stelle drücken. Den Eindruck, den er dabei gewinnt, seine Diagnose, teilt er dem Richtergremium mit. Dabei sagt er auch, ob das Pferd seiner Meinung nach die Prüfung fortsetzen kann oder nicht.

Die Richtergruppe läßt sich das Pferd daraufhin noch einmal vortraben und bildet sich ihr Urteil. Dieser Entscheidung muß sich der Reiter fügen. Sie ist verbindlich. Dem Reiter bleibt nur Erleichterung oder Enttäuschung. Denn im Grunde sollte er nur ein Pferd in der Verfassungsprüfung präsentieren, von dem er meint, daß es bei Fortsetzung der Prüfung keinen Schaden nimmt.

▶ Das abschließende Springen

Ist die Verfassungsprüfung bestanden, kommt das Pferd wieder in den Stall. Ich ziehe mich für das Springen um, und sobald der Parcours zur Besichtigung freigegeben ist, schaue ich mir die Hindernisse an.

Die Physiotherapeutin kommt noch einmal, um das Pferd mit ein paar speziellen Dehnungsübungen für das Springen zu lockern. Die eigentliche Vorbereitung sollte nicht zu lange dauern. Weniger ist in diesem Fall meistens mehr. Ich reite zunächst ausgedehnt Schritt. Für Trab, Galopp, allerdings ohne die Sprünge auf dem Abreiteplatz, rechne ich nicht mehr als eine halbe Stunde. Ich mache möglichst wenige Sprünge, die ich grundsätzlich im Galopp anreite.

NUR AUS DEM GALOPP

Zwar sieht man immer wieder Militaryreiter, die erst aus dem Trab springen, aber davon halte ich nichts. Und Springreiter haben mich in dieser Meinung bestätigt. Die Pferde sind am Tag nach dem Gelände etwas müde und auseinandergefallen und springen aus dem Trab nicht, sondern stolpern mehr über die kleinen Hindernisse.

Darum fange ich aus dem Galopp mit einem Kreuz oder zwei kleinen Steilsprüngen an, die ich dann gleich recht deutlich erhöhe, damit das Pferd Respekt vor den Stangen bekommt. Nach einer Pause springe ich noch ein paar höhere Hindernisse und reite dann in den Parcours.

Von zu vielen Sprüngen bei der Vorbereitung rate ich noch aus einen anderen Grund ab. Die Konzentration läßt bei den Pferden ja auch nach. Und meistens sind unsere Springparcours sehr lang. In der ersten Hälfte springen die Pferde oft ganz gut. Aber im zweiten Teil bauen sie dann bald ab, und das noch schneller, wenn sie auf dem Abreiteplatz schon viele Sprünge machen mußten.

Mir geht es bei der Vorbereitung vor allem darum, mein Pferd aufzuwecken, alle Muskeln wieder in die richtige Richtung zu bringen und sein Vorderbein schnell zu machen.

DER PARCOURS

Häufig passieren Fehler an den ersten Sprüngen, weil der Reiter den Parcours zu vorsichtig oder zu lässig angeht. Um das zu vermeiden, sollte man in einem ordentlichen Grundtempo starten. Für die meisten Pferde ist es besser, wenn man ihnen erlaubt, etwas mehr zu galoppieren. Dann ist die Konzentration größer und die Reflexe sind besser.

Parcoursspringen ist reine Routine, verlangt oft aber bessere Nerven als das Reiten im Gelände, vor allem dann, wenn man nach Dressur und Gelände gut liegt. Um den Druck von der letzten Teilprüfung zu nehmen, rate ich jedem Reiter, zwischendurch bei möglichst vielen Springturnieren zu starten. Dadurch bekommt er Routine und geht entspannter in den Parcours.

▸ Verdiente Ruhe

Der Tierarzt und die Physiotherapeutin sehen sich die Pferde möglichst am Tag nach dem Heimtransport an. Dadurch werden eventuelle Blessuren schnell erkannt und können gegebenenfalls behandelt werden.

NACH EINER KURZEN PRÜFUNG

Nach Kurzprüfungen lassen wir unsere Pferde mindestens ein bis zwei Tage in Ruhe. Sie werden am Tag nach der Prüfung einmal kurz aus dem Stall genommen und vorgetrabt. Es gibt Verletzungen, die sich erst entwickeln. Die werden erst nach ein paar Stunden sichtbar, nicht sofort.

Wir schicken unsere Pferde dann möglichst ausgiebig auf

PRÜFUNGEN BRINGEN KONDITION

Zu meinen interessantesten Erkenntnissen gehört es, daß ich in England viel weniger Konditionstrainig mit meinen Pferden mache, dafür aber an bedeutend mehr Prüfungen teilnehme als in Deutschland.

In Prüfungen bekommen die Pferde bei verhältnismäßig wenig Aufwand eine ungeheure Kondition. Ich kann mir das nur so erklären, daß das Pferd in einer Prüfung anders gefordert wird, selbst wenn man nicht immer schnell, auf Sieg, reitet. Offenbar ist der Trainingseffekt in Prüfungen um ein Vielfaches höher als in der Arbeit zu Hause. Und das würde natürlich auch erklären, warum die Reiter, die in England leben und die große Anzahl von Prüfungen nutzen, den Reitern vom Kontinent meistens überlegen sind. Ein Nebeneffekt ist, daß Pferd und Reiter sich an die Prüfungssituation gewöhnen, dabei nichts Außergewöhnliches mehr empfinden.

Ich behaupte, daß das auch ein entscheidender Grund für meinen EM-Sieg war. Ich bin bei keinem der früheren Championate innerlich so ruhig und so gelassen gewesen wie in Burghley. Und das führe ich auf die vielen (Kurz-) Prüfungen zurück, an denen »Spooky« und ich vorher teilgenommen hatten. Da haben wir uns immer mit den besten Reitern der Welt gemessen. Ich wußte also immer genau, wo ich stehe. Ich habe gesehen, daß die anderen auch nur mit Wasser kochen. Und das hat mich zuversichtlich gemacht.

die Weide, damit sie sich dehnen und strecken können. Am dritten Tag nach der Kurzprüfung werden sie wieder leicht gearbeitet oder longiert und erst am vierten Tag wieder voll geritten. Habe ich zwei Turniere hintereinander, geht das nicht. Dann reite ich schon am dritten Tag wieder normal.

NACH EINER LANGEN PRÜFUNG

Nach einer langen Prüfung lasse ich meine Pferde zwei bis drei Wochen in Ruhe. Vielleicht werden sie zwischendurch mal longiert, besonders direkt nach der Prüfung. Dadurch lockere ich die Muskeln. Das ist besonders nach einem langen Transport wichtig. Aber grundsätzlich lege ich Wert darauf, daß die Pferde genügend Zeit bekommen, in der sie mental und körperlich abschalten können.

Der Kondition macht das nichts. Prüfungen bringen einen so großen Energieschub, so viel Kondition, wie man es auch mit dem ausgeklügeltsten Galopptraining nicht erreichen kann. Diese Erkenntnis finde ich besonders faszinierend.

Ein Resümee

Die letzten Arbeiten an diesem Buch fielen in die Tage nach der Weltmeisterschaft 1998 in Pratoni del Vivaro vor den Toren Roms. Gut vier Jahre nach ihrem Comeback bei den Weltreiterspielen in Den Haag erlebte Bettina am 4. Oktober 1998 einen der bittersten Momente ihrer Karriere. In der letzten Verfassungsprüfung, dem »Jüngsten Gericht«, wurde sie aus ihren Medaillen-Träumen gerissen. Die Jury ließ Watermill Stream nicht zum abschließenden Springen zu.

Das war wieder so ein Moment, in dem sie »den Büttel hingeschmissen« hätte, wenn sie die Pferde und ihren Sport nicht so liebte, nicht so fasziniert wäre von den Herausforderungen und Unwägbarkeiten, gegen die auch große Professionalität, der beste Plan und eine auf den Punkt abgestimmte Vorbereitung machtlos sein können. Getröstet habe sie, so Bettina, »daß es Spooky schon sehr bald wieder gut ging. Kaum zurück in England war er wieder *fit to go*. Ich bin darum so sicher, wie ich es in meinem Sport nur sein kann, daß die Weltmeisterschaft nicht seine letzte Prüfung war. Ich habe ja gelernt, daß man nie aufgeben darf, daß jede Erfahrung, auch die bitterste, am Ende gut ist und dich weiterbringt. Auch darum habe ich dieses Buch geschrieben.«

Tatsächlich hatte sich Watermill Stream bis zum bitteren Aus in Pratoni von seiner besten Seite gezeigt. Die Dressur hatte Bettina vor Mark Todd gewonnen, weil Spooky sich im Vergleich zur Europameisterschaft noch einmal steigern konnte und vor allem mit seinen hervorragenden Verstärkungen beeindruckte.

Durch den Teilsieg motiviert, zeigte Bettina tags darauf im Gelände einmal mehr ihre Klasse. Sie mußte nach den sintflutartigen Regenfällen auf die Strecke, zu einer Zeit, als der Boden von den Wassermassen aufgewühlt und tief war.

Watermill Stream muß ziemlich am Anfang der Geländestrecke beide Vordereisen verloren haben. Trotzdem galoppierte er, von Bettina meisterlich geführt, ohne Hindernisfehler ins Ziel. Nur die Idealzeit konnten die beiden bei den widrigen Bedingungen nicht ganz einhalten, überschritten sie aber nur um knapp 14 Sekunden. Dadurch gaben sie die Führung an Mark Todd und Broadcast News ab, die vor dem großen Regen gestartet waren. Aber weniger als ein Springfehler trennte Bettina von dem Neuseeländer.

Mit einer phantastischen Leistung hatten Watermill Stream und Bettina bewiesen, daß ihr Triumph in Burghley kein Zufall gewesen war. Allerdings taten dem Schimmel im Ziel nach der Querfeldeinstrecke »die Füße weh«. Ein Stück vom Huf war herausgebrochen, ein Bluterguß hatte sich gebildet. Nichts Schlimmes also, aber wer einmal eine Blase auf der Fußsohle gehabt hat, weiß um die Schmerzen.

Dieter Kröhnert, der Mannschaftsschmied, verpaßte Spooky neue Eisen, polsterte sie mit einer Silikonunterlage. Pflegerin Käthe kühlte die Beine des Schimmels die ganze Nacht. Aber gegen die durch den Bluterguß verursachten Schmerzen waren die beiden routinierten Helfer machtlos. Die Jury schickte Watermill Stream in die Holding Box, wo er vom zuständigen Tierarzt begutachtet wurde. Der sagte zwar, daß sich die Verletzung durch das abschließende Springen nicht verschlechtern würde, aber das letzte Wort lag bei der Jury, und die ließ Spooky nicht passieren.

Beim Springen mußte Bettina also tatenlos zusehen, wie Mark Todd im Parcours zwei Stangen mitnahm. Mit einem fehlerfreien Parcours, bei Watermill Stream eher die Regel als die Ausnahme, hätte sie Gold gewonnen ...

»Für mich bist du Weltmeisterin«, stand auf dem Fax eines Bekannten, das Bettina zu Hause vorfand. Da hatte sie ihre Fassung schon wiedergewonnen.

Anhang

SKIZZE 1

Zwei Oxer und zwei Steilsprünge, in der Mitte der Reitbahn aufgebaut. Alle Sprünge sollten von beiden Seiten anzureiten sein.

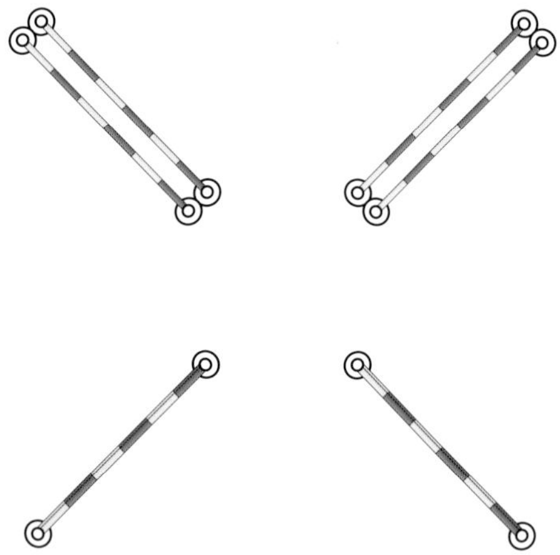

SKIZZE 2

Ein Steilsprung und ein Oxer mit einer Rhythmusstange in der Mitte. Die Distanz kann je nach Ziel der Übung natürlich auch verändert werden.

Den Oxer verändere ich ebenfalls, je nachdem was ich mit der Übung erreichen will. So kann der Oxer zunächst schmal bleiben, wird dann langsam breiter gezogen, aber ohne die Distanz in der Reihe zu verändern. Das Pferd muß also seinen Körper über dem Hindernis mehr dehnen.

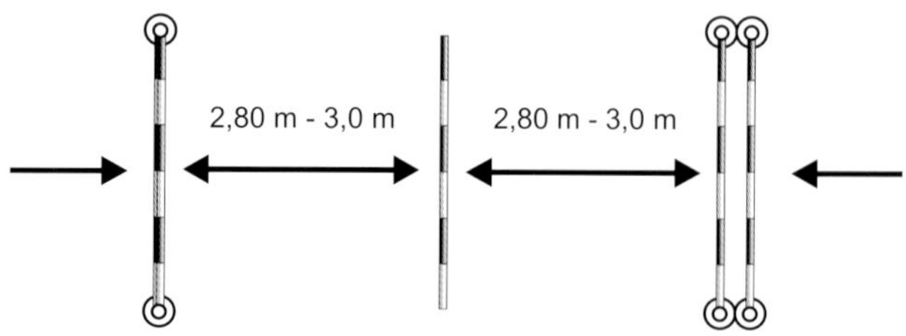

SKIZZE 3

In-and-Out-Reihe. Auch hier kann die Distanz je nach Ausbildungsstand des Pferdes verändert werden.

Als Vorbereitung für einen In-Out in der Geländestrecke kann die Distanz auf vier Meter verlängert werden.

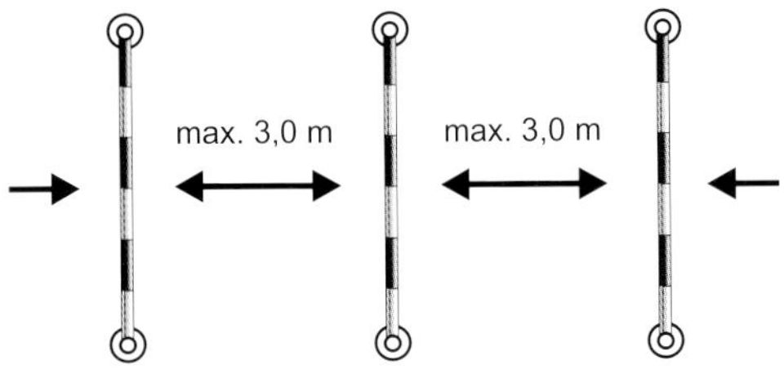

SKIZZE 4

Fünf In-Outs nacheinander im Abstand von maximal drei Metern. Zunächst sind die Hindernisse höchstens 50 bis 60 Zentimeter hoch und werden ganz langsam erhöht, bei erfahrenen Pferden bis 1 m, 1,10 m.

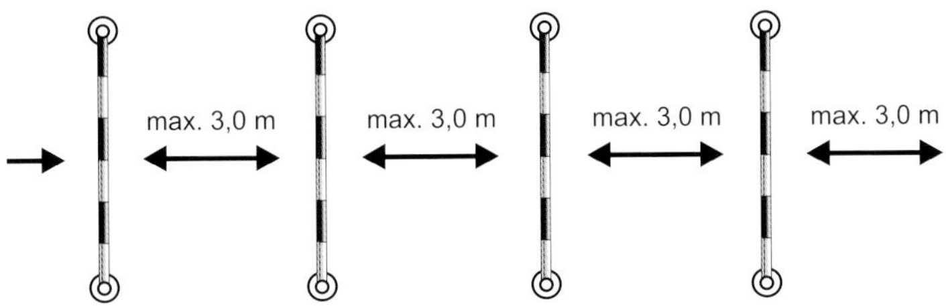

Anmerkung:

Besonders in dieser Art von Gymnastikreihen braucht das Pferd unglaublich viel Kraft. Die Technik verbessere ich dadurch nur bis zu einem gewissen Punkt, weil die natürliche Veranlagung zwar gefördert, aber nie grundsätzlich verändert werden kann.

Wenn ich mit diesen Gymnastikreihen arbeite, sind häufige Pausen von entscheidender Bedeutung. Die Muskulatur ermüdet wesentlich schneller als Herz und Lunge. Fängt ein Pferd zunächst gut an und wird dann nach einigen Wiederholungen schlechter, ist es höchste Zeit, eine Pause einzulegen. Es wäre ganz falsch und machte überhaupt keinen Sinn, weiterzuspringen oder das Pferd gar zu strafen.

Um einen Lerneffekt zu erzielen, muß ich dem Pferd immer wieder Gelegenheit geben, sich körperlich und mental zu erholen und das gerade trainierte Prinzip zu verstehen.

SKIZZE 5

Zwei In-Outs in Kombination mit einem Oxer und einem Steilsprung. Man kann natürlich auch hier mit Rhythmusstangen arbeiten, die dem Pferd helfen, in einer Reihe am Sprung zurückzukommen, sich aufzunehmen.

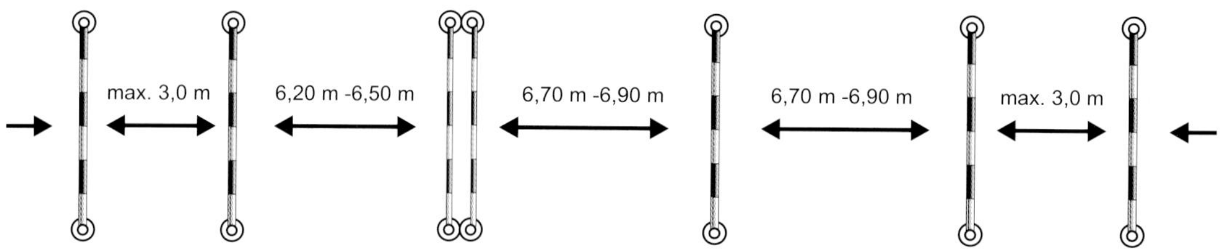

Anmerkung:

Diese Folge sollte so aufgebaut sein, daß sie von beiden Seiten zu springen ist, also beispielsweise sowohl zum Ausgang hin wie vom Ausgang weg.

Bei Pferden mit großem Vorwärtsdrang kann ich die Distanzen zunächst etwas weiter bauen und dann schrittweise verkürzen, damit das Pferd lernt zu warten.

Bei Pferden, die etwas verhalten springen, baue ich die Distanz zunächst etwas kürzer, um sie dann langsam zu erweitern. Dadurch bringe ich das Pferd dazu, sich etwas mehr zu dehnen.

Die Distanzangaben sind nur Richtwerte. Sie müssen immer dem Pferd angepaßt werden.

SKIZZE 6

In-and-Out in der Mitte, dann ein Steilsprung und ein Oxer auf gebogener Linie.

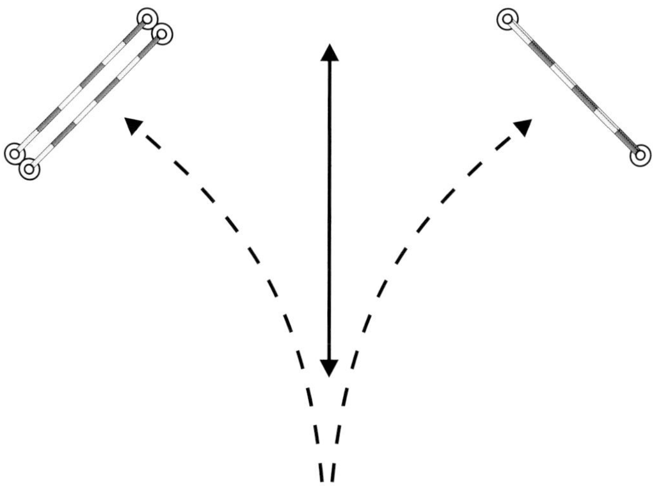

Anmerkung:

Dieser Aufbau ermöglicht mir drei Varianten. Nur den In-Out zu Beginn, dann auf gebogener Linie nach rechts auf den Steilsprung oder nach links auf den Oxer zu.

Die Distanz zwischen dem In-Out und den beiden Einzelsprüngen ist natürlich variabel. Sie kann zwei, drei oder vier Galoppsprünge betragen – je nach Platz. Sie sollte allerdings von der Meterzahl her eher im unteren Bereich liegen, weil das Pferd im In-Out etwas zurückkommen muß und man anschließend rhythmisch weitergaloppieren sollte, um das Pferd nicht nach vorne auseinanderzureiten.

SKIZZE 7

Vier Oxer in einer Reihe. Nur geeignet für Außenplätze oder mindestens 60 Meter lange Reithallen

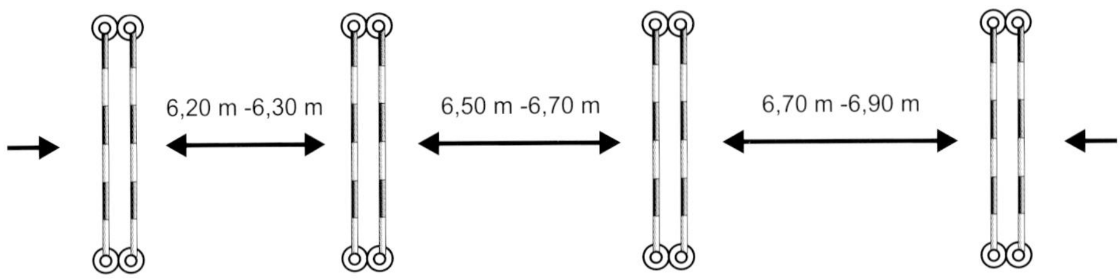

Anmerkung:
Diese Springreihe dient dazu,
Art und Manier des Pferdes am Sprung zu verbessern,
das Pferd zum Warten zu erziehen.

Die vier Oxer werden zunächst sehr niedrig aufgebaut, je nach Ausbildungsstand des Pferdes 80 cm bis 1 m hoch.

Das Pferd soll in einem ruhigen Grundtempo an den ersten Sprung der Reihe herangeritten werden. Durch den Aufbau bzw. die relativ kurze Distanz zwischen den Sprüngen lernt es, am Sprung zurückzukommen, über den Rücken und trotzdem hoch und weit zu springen.

Es lernt, am Sprung seinen Körper zu gebrauchen und nicht nur seine Beine anzuwinkeln. Die Tragkraft (siehe »Das Dressurtraining«) wird verbessert und der Körper beweglicher.

Ich erziehe mein Pferd dazu, daß es auf meine Hilfen wartet und gleichzeitig bei vielen aufeinanderfolgenden Hindernissen die Übersicht behält. Durch das Warten lernt das Pferd, dem Reiter zu vertrauen und nicht mit Eigeninitiative über die Sprünge zu stürmen.

Je nach Ausbildungsstand und Rittigkeit muß die Distanz zwischen den Hindernissen den Galoppsprüngen des Pferdes angepaßt werden. Das ist sehr wichtig, weil es sich andernfalls schnell am Sprung verkrampft und der gymnastizierende Effekt der Übung verlorengeht.

Die Oxer werden entweder erst breiter gebaut, bevor sie dann auch erhöht werden, oder sie werden zunächst erhöht und dann auseinander gezogen, also niemals in einem Schritt höher und breiter gemacht.

Durch das Breiterziehen verkürze ich automatisch auch die Distanz, wodurch das Pferd noch stärker zurückkommen muß. Es lernt, ruhig zu bleiben.

Grundsätzlich sei an dieser Stelle etwas zum Ziel des Springtrainings angemerkt. Es soll Reiter und Pferd in die Lage versetzen, auf alle möglichen Distanzen im Parcours, aber auch im Gelände richtig reagieren zu können. Wichtig ist, daß ich mir vor dem Aufbau einer Reihe klarmache, was ich mit meiner Übung erreichen will. Der Sinn muß für das Pferd klar erkennbar sein.

SKIZZE 8

Mit den beiden V-förmig auf den Boden gelegten Stangen kann ich einen Steilsprung oder Oxer optisch verändern. Außerdem hilft solch ein V Pferden, die vor dem Hindernis stark schwanken, den Weg zur Mitte zu finden.

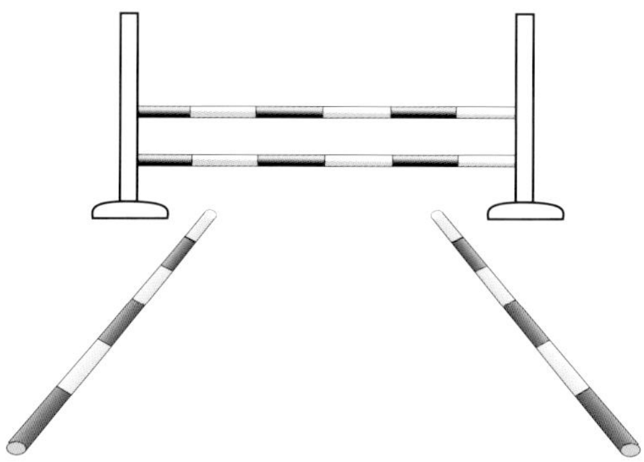

Die wichtigsten Erfolge

1981 Deutsche Meisterin der Jungen Reiter mit Peacetime (Luhmühlen)
1982 Vierte der Deutschen Meisterschaft der Senioren mit Peacetime (Achselchwang)
Vierte der Deutschen Meisterschaft der Jungen Reiter mit Royal Titan (Achselschwang)
Erste deutsche Frau bei einer Weltmeisterschaft mit Peacetime (Luhmühlen)
1983 Achte der Deutschen Meisterschaft der Senioren mit Peacetime (Luhmühlen)
Sechste der Europameisterschaft mit Peacetime (Frauenfeld)
1984 Team-Bronzemedaille bei den Olypischen Spielen mit Peacetime (Los Angeles)
1986 Zweite beim CCI*** Luhmühlen mit Peacetime
1987 Sieg im Alpenchampionat (CCI**) mit Take the Time (Achselschwang)
1988 Peacetimes Abschied vom internationalen Sport mit einem 4. Platz beim CCI*** Achselschwang
1989 Reserve für die Europameisterschaft in Burghley mit Take the Time
1990 Zweite beim CCI** Breda mit Crocodile Dundee
1991 Sechste der Deutschen Meisterschaft mit Crocodile Dundee (Luhmühlen)
Teilnahme an der Europameisterschaft in Punchestown mit Crocodile Dundee
1993 Sieg im Bundeschampionat der Geländepferde mit Blueberry Hill
1994 Team-Bronzemedaille bei der Weltmeisterschaft mit Watermill Stream (Den Haag)
Siebte in der Einzelwertung
1995 Dritte der Deutschen Meisterschaft mit Watermill Stream (Luhmühlen)
Siebte beim CCI*** Luhmühlen mit Watermill Stream
Vierte mit der Mannschaft bei der Europameisterschaft (Pratoni del Vivaro)
Zwölfte in der Einzelwertung
1996 Mannschaftsreiterin bei den Olympischen Spielen in Atlanta mit Watermill Stream
1997 Elfte beim CCI**** Badminton mit Watermill Stream
Europameisterin in Burghley
Zweite beim CCI*** Burghley
1998 Sieg beim CCI** Bonn-Rodderberg mit Unsung Hero
Teilnahme an der Weltmeisterschaft in Pratoni del Vivaro mit Watermill Stream

Außerdem Siege und Placierungen in Springen und Dressur bis Klasse S

Register